كلمة حلوة

Kilma Hilwa

كلمة حلوة

# Kilma Hilwa

## Bahaa Ed-Din Ossama

Illustrations by Okacha

The American University in Cairo Press

Cairo   New York

The author and publisher are grateful to the following for permission to use material in this book: Ms. Amina Jahine for the lyrics in chapters 5, 6, 12, and 13, and Ms. Nour Abdallah for the lyrics in chapter 19. Every reasonable effort has been made to contact copyright holders. We apologize and thank any authors or copyright holders who we have not been able to properly acknowledge. If a work in copyright has been inadvertently included, the copyright holder should contact the publisher.

First published in 2015 by
The American University in Cairo Press
113 Sharia Kasr el Aini, Cairo, Egypt
420 Fifth Avenue, New York, NY 10018
www.aucpress.com

Exclusive distribution outside Egypt and North America by I.B. Tauris & Co Ltd., 6 Salem Road, London, W4 2BU

Dar el Kutub No. 22556/14
ISBN 978 977 416 708 9

Dar el Kutub Cataloging-in-Publication Data

Ossama, Bahaa Ed-Din
    Kilma Hilwa: Egyptian Colloquial Arabic through Songs/ Bahaa Ed-Din Ossama.—Cairo:
The American University in Cairo Press, 2015.
    p.        cm.
    Intermediate level
    ISBN 978 977 416 708 9
    1. Arabic language—Dialects—Egypt
    2. Arabic language—Dialects—Textbooks for foreign speakers

        492.7

1 2 3 4 5     19 18 17 16 15

Designed by Cherif Abdullah
Printed in Egypt

To my dearest friend, Tessa Grafen

# Contents
المحتويات

# مقدمة الكتاب

جاتني فكرة الكتاب ده في الفصل أثناء تدريسي اللغة العربيّة للأجانب، لأني لقيت إن إعداد بعض الأوراق لتدريس الأغاني مايكفيش، ومابيدّيش تدريس الأغاني صورة جادة ومنهجيّة، وسألت نفسي هي الأغاني وسيلة من وسايل تدريس العربي بس ولّا هي حاجة أكبر وأهمّ من كده، ولقيت إن الإجابة اللي شَفَتْني في الردّ على السّؤال ده هي إن الأغاني وعاء ثقافة وأفكار الشّعوب زيّها زيّ أي نوع من الأنواع الأدبيّة الشّعريّة والنثريّة، بل إنها تزيد على الأنواع التّانية بإن الأشعار فيها بتتغنّى بمصاحبة الموسيقى، إذن الأغنيّة بتجمع بين قصيدة شعريّة ولحن وأداء المطرب أو المطربة، وكل ده محتاج لتعليق وشرح وإلقاء الضّوء عليه أثناء التّدريس، لأن كل تفصيلة تحمل ملمح من ملامح فنّنا وثقافتنا. غير كده اندهشت لمّا مالَقَتْش (لحد علمي) أي كتاب من الكتب المُعدّة لتعليم اللغة العربيّة للأجانب يتمحوَر موضوعه حول الأغاني العربيّة، فهداني التّفكير لإعداد الكتاب ده. وأنا بادرّس الأغاني وباصرّ على إدخالها ضمن المواد التّعليميّة اللي بادرّسها لأنها تمثّل أعمال حقيقيّة طبيعيّة عربيّة مكتوبة أصلًا للعرب. وأنا شايف إن مفيد جدًا تدريس الأجانب الأعمال والنّصوص الأصليّة اللي العرب نفسهم بيتعرّضوا ليها طول الوقت زي الأعمال الأدبيّة من شعر ونثر والأخبار والأفلام والمسلسلات، إلخ.

كتاب " كلمة حلوة " هو جزء من مشروع كبير أحلم بتحقيقه وهو إتاحة الفرصة للعاميّة المصريّة بأن تُدرّس بطريقة علميّة ومنهجيّة ورسميّة. من ناحية أتمنّى أن يُتاح عدد أكبر من كتب تعليم العاميّة للأجانب تغطّي كل الجوانب اللي تساعد الطّالب على التّعرّف على لغتنا وثقافتنا، ومن ناحية تانية أتمنّى إعداد كتب توثّق وتحفظ لغتنا العاميّة موجّهة للمصريين نفسهم وممكن يطّلع عليها الأجانب، تُوثّق الأشعار المغنّاة وتقوم بشرح بعضها وتعلّق عليها تاريخيًا واجتماعيًا، تُوثّق الأمثال

والحكم اللي بنقولها دلوقتي، والتّعبيرات والمصطلحات الجديدة اللي بتظهر كل فترة قصيّرة. أتمنّى توحيد نظام واحد وثابت لكتابة العاميّة، أتمنّى تدريس أشعار حسين السّيد وصلاح جاهين وغيرهم في المدارس المصريّة وغيرها على إنها أشعار أدبيّة راقيّة ومهمّة تمثّل أدبنا الحديث والمعاصر بطريقة منهجيّة ومنظّمة وهادفة. إذن كتاب " كلمة حلوة " هو خطوة من خطوات وحلم من أحلام، بحاول أسِدّ بيه بعض الثّغرات، وأغطّي بيه جانب شايفه مهمّ جدًا.

لازم أنوّه إنّ كل الآراء والشّروح الواردة في التّعليقات على الأغاني نابعة من أفكاري ومدى فهمي للأغاني مش أكتر، وإني ماعتمدتش على أي مرجع أو كتاب تاني في الشّروح دي.

أتمنّى إنّ الكتاب ينال إعجاب الطلبة والمدرّسين، وإنه يكون مفيد وممتع في نفس الوقت، فلو لم يرقى الكتاب للّي بتمناه فيكفيني شرفًا إنّي حاولت، فلولا المحاولات لما أنجزنا شيئًا.

قبل الانتهاء أشكر كل من ساعدني ولو بنصيحة في إعداد الكتاب ده، وأخصّ بالذّكر الأستاذ محمد شوقي لما أبداه لي من نصح في إعداد التّدريبات، وأصدقائي تيسّا جرافِن Tessa Grafen وليتيتسيا ريكاردي Letizia Riccardi وجزيلا كِتزلار Gisela Kitzler لما بذلوه من مجهود في تصحيح التّرجمة الإنجليزيّة لنصوص الأغاني، ولصديقَتي وطالبتي كاترين فيشَر Katrin Fischer اللي اكتسبت من دروسي معاها بعض الخبرة اللي أهّلتني لإعداد الكتاب، وأستاذ نيل هيوسن Neil Hewison نائب مدير النّشر بالجامعة الأمريكيّة لترحيبه بفكرة الكتاب وإسدائه بعض النّصايح المفيدة الخاصة بمنهج الكتاب، وصديقي وزميلي أحمد الجبالي لتشجيعه ليّا على محاولة إعداد الكتاب على أكمل وجه.

وختامًا فإني أقدّم لكل مدرس وطالب للغة العربيّة خالص الاحترام والتّقدير، فقد كنتم في ذهني طول فترة إعداد الكتاب.

# تمهيد للطلاب

الكتاب ينقسم ل ٢٠ وحدة، كل وحدة تمثّل أغنيّة، وكل وحدة تبدأ بنصّ الأغنيّة، بعدها مفردات الأغنيّة، بعد كده تعليق على الأغنيّة وجوّها العام وشرح مضمونها، وملاحظات على الأغنية بتشرح الكلمات أو قواعد النحو الجديدة أو تذكر لمحات ثقافيّة ظهرت في الأغنيّة، وآخر حاجة تدريبات على الأغنيّة.

وترتيب الأغاني في الكتاب هو من الأسهل للأصعب عشان لو حبّ الطّلاب يدرسوها كمنهج متدرّج، لكن في الصفحة الجاية (ل) فيه قايمة بالتّرتيب الزمني للأغاني توضح تطوّر الغنى في مصر، الدّراسة بأي طريقة من الاتنين ممكنة، وممكن كمان الطّلاب يدرسوا كل فصل على حدة بدون مراعاة تدرّج الصّعوبة أو التّرتيب الزّمني، فالكتاب مصمم للدّراسة بأي طريقة من دول، لأن كل فصل بيضمّ أغنية هو وحدة كاملة لا تعتمد على اللي قبلها في المفردات أو القواعد النّحويّة

في نهاية الكتاب:

أ ترجمة إنجليزيّة لكل نصوص الأغاني.

ب سيرة مختصرة لكل كتّاب وملحّنين ومغنّيين أغاني الكتاب.

ت المصادر والمراجع اللي رجعت ليها في تسجيل كلمات الأغاني وسير المؤلفين والملحّنين والمطربين.

ث قائمة بروابط الأغاني على مواقع يوتيوب YouTube وساوند كلاود SoundCloud.

# الأغاني بالترتيب الزمني

# Introduction

I believe the best way to learn a language is through studying the media that native speakers themselves listen to and read. This is why I chose to write a textbook based on popular Egyptian songs. Through studying these songs, students will not only improve their colloquial Arabic skills and enhance their vocabulary, but will also gain an insight into the history and culture of the region.

This book is organized into 20 units, each one focusing on a different song. At the beginning of each unit the song lyrics are presented, followed by the vocabulary. Next, an explanation of the song's historical context and importance is provided, together with an explanation of any lyrics students may find especially challenging. At the end of the unit there are exercises focusing on new vocabulary and the grammatical rules.

*Kilma Hilwa* is designed both for self-study and for classroom use. I have arranged the songs in order of difficulty, but have also provided a list of the songs chronologically (opposite) to show the evolution of Egyptian music; the textbook can be studied in order, or units can be studied individually. At the end of the book there are English translations for reference; the biographies of the mentioned singers, musicians, and poets; and links to the songs on YouTube and SoundCloud, so that students can listen to the songs as they study them.

١

# قال لي كلام

يا بنتي خشي نامي شوية ، ما كانوش كلمتين قالهملك

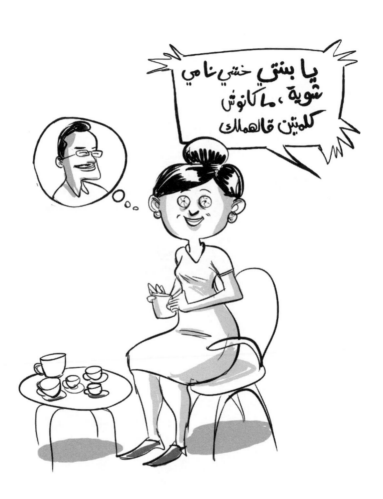

# ١
# قال لي كلام
# ١٩٦٩

كلمات: محمد حمزة – ألحان: بليغ حمدي – غناء: شادية

وطبطب الهوى علينا
وفتّح الهوى عينينا
قال لي كلام أحلى كلام
من بعد ما قاله ما هانام
قال لي إيه؟
قال لي عينيكى يا حلوة بتسحر
قال لي كلامك شهد مكرّر
قال على بعدك عمري ما هاقدر
قال لي إيه؟
قال لي تعالي يا حلوة معايا
نفرح نسهر دانتي هنايا
قال لي إيه؟
قال لي ده نورك شمس حياتي
ياللي مليتي كل حياتي
قال لي كلام أحلى كلام
من بعد ما قاله ما هانام

# المفردات

| | |
|---:|---:|
| to pat | طَبْطَب على، يِطَبْطَب على، طَبْطَبة |
| love | هَوى = حبّ |
| to fascinate | سَحَر، يِسْحر، سِحْر |
| to bear, stand, tolerate | قدِر على، يِقْدَر على، قُدْرة |
| to rejoice, be happy | فرِح، يِفْرَح، فَرَح |
| to stay awake at night | سهِر، يِسْهَر، سَهَر |
| absence, distance | بُعد |
| to open | فتَّح، يفتَّح، تفتيح |
| honey | شَهْد = عسل النحل |
| purified, refined | مكَرَّر |
| happiness | هَنا (هَناء) = سعادة |
| talk | كَلام |
| I never have/will | عُمْري ما |
| light | نور |
| to fill | ملا، يِملا |
| come (imperative) | نعالى، تعالي، تعالوا |
| to sleep | نام يِنام، نوم |

## التعليق

غنّت شادية الأغنيّة دي في فيلم "نصّ ساعة جواز" بطولتها هيّ ورشدي أباظة وماجدة الخطيب، وسيناريو وحوار أحمد رجب وإخراج فطين عبد الوهاب، إنتاج سنة ١٩٦٩.

الأغنية بتعبّر عن حالة عاطفيّة مفعمة بالنّشوة بكلمات بسيطة وسهلة ورقيقة جدًّا، ففي الفيلم نلاقي البطلة بعد ما اعترف لها البطل بحبّه ليها بتغنّي وبترقص من الفرح وبتقول إن الحبّ داعبهم ولمس قلوبهم وفتّح عينيهم، وحبيبها قال لها كلام أحلى

كلام بعد ما قالهولها مش هتنام. قال لها إن عينيها جميلة بتسحر وإن كلامها زي العسل الصّافي وإنه مش هيقدر على بعدها، ودعاها إنهم يعيشوا مع بعض ويسهروا ويستمتعوا بوجودهم مع بعض لأنها بقت حياته دلوقتي.

## ملاحظات

**طبطب الهوى علينا:** لمس الحبّ قلبنا وحرّك عاطفتنا.

**من بعد ما قاله ما هانام:** بعد ما قال الكلام الجميل ده مش هاعرف أنام أو مش هانام. في الشعر ممكن استخدام (ما) بدل (مش) لنفي الفعل في المستقبل للتخفيف. وممكن نستخدم (ما) بدون استخدام (مش) بعد القسم أو الوعد في المستقبل أو الماضي، زي: "والله ما هاتّصل بيك تاني،" أو "والله ما حصل الكلام ده."

**عمري ما هاقدر:** مش هاقدر أبدًا. "عمر ما" يعني أبدًا. زي: "عمري ما رحت إيطاليا،" يعني مارحتش إيطاليا أبدًا. وفعل "قدر على" + مصدر يعني يستحمل، زي: "مش هاقدر على شيل الشنطة التقيلة دي لوحدي." أما "قدر" بس بدون (على) + فعل مضارع بدون (ب) يعني يعرف يعمل حاجة، زي: "مش هاقدر أستنى في المكان ده أكتر من كده."

**دانتي هنايا:** "دانتي" اختصار لـ "ده إنتي،" كلمة "ده" بتُستخدم أحيانًا بمعنى عشان وبتشرح السبب. زي: "هات لي ٣ كيلو برتقان ده أنا/دانا باحبّه جدًا."

## التدريبات

**١ - كمّل الجمل دي بكلمات من عندك:**

أ لمّا باشوف حد بيبكي قدّامي ________ على كتفه عشان يحسّ إنّي معاه ومش هسيبه.

ب ________ يعني عسل النّحل، وفيه ناس بتقول عليه عسل أبيض.

ت لو ________ كتير ومانمتش مش هتعرف تصحى بدري.

ث لولا ________ ماكنّاش نقدر نعيش على الأرض، لأنّها مصدر الضوء والحرارة.

ج لو الزّيت مش ________ هيكون فيه شوائب.

**٢ - اختار الإجابة الصحيحة من بين الأقواس:**

أ صوت المطربة دي جميل جدًا ________ .
(بيضايق – بيسحر – بيمتّع)

ب في رأيي اللبن الرّايب ________ من اللبن العادي عشان كده باشربه على طول.
(أحلى – أخطر – أوحش)

ت لمّا النّاس بتشوف حد بياكل بتقولّه ________ والشّفا.
(بالغنا – بالمنى – بالهنا)

ث أنا تعبت جدًا من السّجاير، عمري ما ________ تاني.
(هاشربها – شربتها – باشربها)

ج كل شخص بيحبّ يسمع ________ حلو عن نفسه.
(حكي – خبر – كلام)

**٣ - استخرج من النّصّ:**

٤ أفعال ماضية – فعلين في المستقبل – ٣ أفعال مضارعة – فعل أمر

**٤ - وصّل الكلمة بعكسها:**

| | |
|---|---|
| حلو | صحي |
| نام | نامّ |
| نور | حياة |
| موت | ضلمة |
| سهر | وحش |

**٥ - صحّح أو غيّر الكلمات اللي تحتها خطّ:**

أ هي لازم تزور طبيب عينين عشان تغيّر نضّارتها بسرعة.

ب السّلحفة سنّها طويل جدًا ممكن تعيش أكتر من ميتين سنة.

ت في الشّتا النّادي بيفضّي حمام السّباحة بمية سخنة.

ث الأمّ عمّالة تزغزغ على ضهر ابنها عشان ينام.

ج الشّمس ليها صوت أمّا القمر مالوش.

**٦ - حطّ الكلمات دي في جمل من عندك:**

يطبطب – شهد – مكرّر – يسحر – يقدر

**٧ - ناقش المدرّس في رأيك في فيديو الأغنية.**

٢

# ألف ليلة وليلة

YouTube

SOUNDCLOUD

# احكي يا شهرزاد

# ٢
# ألف ليلة وليلة
# ١٩٨١

كلمات: عبد الوهاب محمد – ألحان: جمال سلامة – غناء: سميرة سعيد

ألف ليلة وليلة
قصّة كل ليلة
احكي يا شهرزاد
احكي لشهريار
اشغلي له ليله
لطلوع النّهار
حيّري له باله
غيّري له حاله
خلّي عقله دايمًا
في حالة انبهار
احكي يا شهرزاد
احكي يا شهرزاد
ألف ليلة وليلة
قصّة كل ليلة
قولي من البداية أول الحكاية
خلّيه في النّهاية
يفضل في انتظار
يسأل عن بقية للحكاية ديه
اوعي يا صبية تقفلي السّتار

احكي يا شهرزاد
احكي يا شهرزاد
ألف ليلة وليلة
قصّة كل ليلة

## المفردات

| | |
|---|---|
| to narrate, tell a story | حَكَى، يِحْكِي، حَكْي |
| to keep someone busy | شَغَل، يِشْغِل |
| dawn | طُلوع النَّهار |
| to confuse | حَيَّر، يِحَيَّر، حيرة |
| to change | غَيَّر، يِغَيَّر، تَغْيير |
| bedazzlement | اِنْبِهار |
| to make | خَلَّى، يِخَلِّي |
| girl | صَبِيّة ج. صَبايا |
| closing the curtains | قَفْل السِّتار |
| state | حالة |
| beginning | بِداية |
| story | حِكاية |
| end | نِهاية |
| mind | عَقْل ج. عُقول |
| waiting | اِنْتِظار |
| thousand | أَلف |
| a night | لَيلة ج. لَيالي |

## التعليق

الأغنية دي اتعملت أساسًا كتتر لمسلسل "ألف ليلة وليلة" بطولة نجلاء فتحي وحسين فهمي وقصّة أحمد بهجت وإخراج عبد العزيز السّكري، إنتاج ١٩٨١.

وقصّة "ألف ليلة وليلة" مشهورة في العالم كله. ولأن شهريار كان هيؤمر بقتل شهرزاد بعد قضاء ليلة معاها زي ما عمل مع كل بنات المدينة (بسبب خيانة مراته الأولى ليه) اهتدت شهرزاد لفكرة ذكيّة نجّت بيها نفسها من الموت المحتوم ده، وهي إنّها تحكيله قصّة طويلة ماتنهيهاش أبدًا وتنام لمّا الفجر يطلع فيستنّى شهريار لليوم

التّاني عشان يسمع بقية القصّة، وفضلت شهرزاد تعمل كده كل يوم لمدة ألف ليلة وليلة انتهت بإن شهريار لغى قرار قتلها وسامح كل بنات المدينة.

## ملاحظات

**واشغلي له ليله:** اشغلي وقته في الليل. حرف الجر "لـ" مع الضّمير هنا زيادة للتأكيد. زي: "حيّري له باله غيّري له حاله".

**حالة انبهار:** الانبهار هو ظاهرة طبيعيّة بتحصل لعين الإنسان نتيجة الوقوع تحت تأثير نور شديد بتخليه مابيقدرش (أو يقدر بصعوبة) إنه يشوف حاجة لوقت قصيّر. والكلمة دي بتُستخدم مجازًا أكتر من معناها الحرفي، بمعنى إعجاب شديد أو اندهاش. زي: "انبهرت بجمالك،" "هو انبهر بمرحها الغير معتاد،" "احنا انبهرنا بأهرام الفراعنة،" "إنتو انبهرتوا بمنظر جزر اليونان من الطيارة."

**للحكاية ديه:** للحكاية دي. أحيانًا المصريين بيقولوا "ديَّه" بدل "دي" و"دوَّت" بدل "ده."

**تقفلي السّتار:** تقفلي السّتار أو تنزّلي السّتار، يعني تنهي القصّة زي نزول السّتار بعد عرض المسرحيّة على المسرح.

# التدريبات

## ١ - أسئلة الفهم والاستيعاب:

أ  ليه لازم شهرزاد تفضل تحكي قصّة لحد الفجر؟
ب  ممكن تخلّص شهرزاد القصّة قبل الفجر ولّا لأ؟ وليه؟
ت  إزاي شهرزاد عرفت تحافظ على حياتها؟
ث  ليه شهريار ماقتلهاش؟

## ٢ - وصّل الكلمة بعكسها:

| | |
|---|---|
| ليل | نهاية |
| بداية | آخر |
| قفل | نزول |
| طلوع | فتح |
| أول | نهار |

## ٣ - استخرج من النّصّ:

٧ أفعال أمر – ٣ مصادر – ٢ اسمي علم – فعل مضارع بدون "بـ" مع ذكر سبب عدم استخدامها – كلمات على نفس القافية

## ٤ - كمّل الجمل دي بكلمات من عندك:

أ  احكيلي ______ علي بابا والأربعين حرامي.
ب  شهرزاد كانت بنت ______ شهريار.
ت  ألف ليلة وليلة هي نتاج امتزاج الثّقافات العربية والفارسية و______ التّلاتة.
ث  شهريار كان عايز يقتل كل بنات المدينة عشان مراته ______ـه.
ج  لو شهرزاد خلّصت قصّتها قبل الفجر شهريار كان ______ها.

**٥ - اختار الإجابة الصحيحة من بين الأقواس**

أ طلوع النّهار ممكن يكون السّاعة ________ .

(اتنين – خمسة – تمانية)

ب حكاية وقصّة كلمتين ________ .

(مترادفتين – مضادتين – جمع)

ت ألف ليلة وليلة عمل أدبي بيعبر عن الثقافة ________ .

(المسيحيّة – الإسلاميّة – اليهوديّة)

ث قفل السّتار يعني ________ المسرحية أو الرواية.

(ابتداء – انتهاء – اقتراب)

ج فيه ناس كتير مابتحبّش ________ .

(الانتظار – الانتصار – الانتحار)

**٦ - حطّ الكلمات دي في جمل من عندك:**

انبهار – حيرة – حال – حالة – حكاية – قصة – ستار

**٧ - ناقش مع المدرّس رأيك في حيلة شهرزاد لانقاذ بنات المدينة، ورأيك في شخصيتها عامةً زي ما ظهرت في قصّة ألف ليلة وليلة.**

# ٣

## بحبّك بدالك

SOUNDCLOUD

YouTube

وقبل ما تسأل اجاوب سؤالك

# ٣
## باحبّك بدالك
### ١٩٨٨

كلمات: عبد الوهاب محمد – ألحان: عمار الشريعي – غناء: لطيفة

باحبّك لآخر ما يخطر في بالك
لأبعد ما تحلم .. ويوصل خيالك
وأكتر ما تقدر.. تحبّ إنت نفسك
باحبّك أنا أكتر.. بحبّك بدالك
باحبّك وأعزّك وأصونك ف عيني
وأغير ع المحبّة اللي بينك وبيني
وأخاف من عيون العواذل علينا
وأحوشها بأيادي الهوى اللي ف عينينا
عشان تسلم إنت وأنا أعيش ف حسّك
أطمّن حياتك .. وأحقّق آمالك
باحبّك صحيح قد روحي وحياتي
ومن كتر حبّي بينطق سكاتي
بينطق ف قلبي ورمشة عينيا
ورعشة إيديا ف سلامك عليا
وقبل ما تنده تلاقيني جنبك
وقبل ما تسأل أجاوب سؤالك

# المفردات

| | |
|---|---|
| حَبّ، يِحِبّ، حُبّ | to love, like |
| آخر | last, furthest |
| خَطَر، يُخْطُر | to occur |
| بال | mind |
| أبْعد | furthest |
| حِلِم، يِحْلَم، حِلْم | dream |
| وِصِل، يِوْصَل، وُصول | to reach, arrive |
| خَيال | imagination |
| أكْتَر | more |
| قِدِر، يِقْدَر، قُدْرة | to be able |
| نَفْسَك | yourself |
| بَدال = بَدَل | instead of |
| عَزّ، يِعِزّ، مَعَزّة | to make dear, endear |
| صان، يُصون | to preserve, conserve, keep |
| غار، يِغير، غيرة | to be jealous, solicitous |
| مَحَبّة | love, affection |
| خاف، يِخاف، خوف | to be afraid |
| عين ج. عُيون (مؤنثة) | eye |
| عَذول ج. عَواذِل | censuver, reprover |
| حاش، يُحوش | to keep away |
| إيد ج. أيادي (مؤنثة) | hand |
| هوى | love |
| عشان | so that |
| سِلِم، يِسْلَم، سَلامة | to be safe and sound |
| عاش، يِعيش، عيشة | to live |
| حس | sociability, intimacy, conviviality |
| طَمّن، يِطَمّن | to appease, pacify, assure |

| | |
|---|---|
| حَياة | life |
| حَقّق، يَحَقّق، تَحْقيق | to achieve |
| أَمَل ج. آمال | hope |
| صَحيح | really |
| قد | as much as |
| روح ج. أَرْواح | spirit, soul |
| نَطَق، يِنْطَق، نُطْق | to pronounce, speak |
| سُكات | silence |
| قَلْب ج. قُلوب | heart |
| رَمْشة | blink, wink |
| رَعْشة | tremble |
| سَلام | shaking hands |
| نَدَه، يِنْده | to call |
| لاقى، يِلاقي | to find |
| جَنْب | next to, beside |
| قَبْل ما + فعل | before |
| سَأل، يِسْأل، سُؤال | to ask, question |
| جاوِب، يِجاوِب، جَواب | to answer, response |

## التعليق

يوضح الشّاعر إنه بيحبّ حبيبه أكتر ما حبيبه بيحبّ نفسه، وبيحبّه حتّى لو كان حبيبه مابيحبّش نفسه، أو مهمل في حقّ نفسه، فهو بيعتني ويهتمّ بيه، ويفكر ليه، وبيحاول يحقّق آماله ويبعد عنّه النّاس اللي مابتحبّوش. إذن، الشّاعر بيحبّه بدل ما هو بيحبّ نفسه، ويعبّر الشّاعر عن الفكرة دي في عنوان أغنيته "بحبّك بدالك."

بيشرح الفكرة وهو يخاطب حبيبه، ويستخدم كلمات سهلة وبسيطة، قريّبة من طريقة الكلام العادي. الشاعر يظهر ده في معظم الأبيات، وخصوصاً في البيت: "أكتر ما تقدر تحبّ إنت نفسك."

فكرة الأغنيّة دي أول مرة نقابلها في قصيدة أو أغنيّة عربيّة، فمعظم القصايد والأغاني العربيّة العاطفيّة بتوضح قد إيه الشّاعر بيحبّ حبيبه، وإنه مايقدرش يعيش من غيره،

أو إن حياته حزينة من غيره، أو إنه مستعدّ يضحي عشانه بكل حاجة، وغير كده من الأفكار والمعاني اللي بتِخدم موضوع الحبّ. لكن فكرة إن الشّاعر يحبّ حبيبه بدل ما حبيبه يحبّ نفسه كانت المرة الأولى والوحيدة تقريباً اللي نلاقي أغنية بتعبّر عنها. وده بسبب إن الشّاعر عبد الوهاب محمد، شاعر عاطفي مُجدّد بطبعه وأعمق من كونه، كاتب كلمات الأغاني، وده بيظهر في معظم أو جميع أعماله الغنائيّة.

## ملاحظات

**باحبّك وأعِزّك:** (عزّ يعزّ) يعني يعتبر إنسان أو حاجة عزيز عليه. النّاس بتستخدم التّعبير ده أحياناً بدلاً من فعل (حبّ يحبّ) تجنبًا لخصوصية فعل الحبّ. فممكن حد يقول لزميلته (أنا باعزّك جدًا) عشان لو قال لها (أنا باحبّك) ممكن تفهم غلط وتفتكره بيحبّها حبّ رومانسي بشكل خاص. لكن طبعًا فعل (عزّ) ممكن يُستخدم بين اتنين بيحبّوا بعض.

**أصونك في عيني:** تعبير مش شائع الاستخدام في الحياة اليوميّة، لكن معناه شائع الاستخدام والنّاس بتعبّر عنه بجملة زي (أشيلك في عيني)، بمعنى أحميك وأحافظ عليك زي عيني، وده دليل على شدّة الحماية.

**أغير ع المحبّة:** يعني أحافظ عليها وأراعيها، زي تعبيرات (أغير ع الوطن) و(أغير على صداقتنا)، وفعل (غار يغير) ممكن يُستخدم في سياق تاني زي (أنا باغير على خطيبتي من كل الرّجالة) يعني بخاف عليها، ومش بحبّ حد يقرّب منها قوي أو يخرج معاها لوحدهم أو يتكلّم معاها كتير بشكل ودود، أو يكون ليها أصدقاء من الجنس الآخر بشكل عام. وفكرة الغيرة موجودة بقوة بين الشّباب والشّابّات، فممكن نلاقي بنت بَعَدت عنها كل أصدقاءها من الجنس الآخر لما اتخطبت، أو العكس نلاقي ولد قطع علاقته بكلّ البنات لما خطب.

**عيون العواذل:** العذول والجمع عواذل هو شخص عايز يبعد الاتنين اللي بيحبوا بعض عن بعض، فبينصحهم يبعدوا عن بعض لأن حبّهم مش مفيد، وممكن يضرّهم. في الغالب بيكون شخص حسود وحقود وبيعمل كده عشان مش عايز يشوف ناس سعيدة حواليه. كلمة (عواذل) وردت في أغاني مصريّة كتير جدًا لدرجة أن الخوف منهم وطلب البعد عنهم وعدم الاهتمام بكلامهم بقى موضوع من موضوعات الأغاني الشائعة. بنشوف ده في أغاني زي أغنيّة نجاة "آه باحبّه" اللي مطلعها بيقول "العواذل ياما قالوا ليه تحبه ليه؟" وغيرها.

**أنا أعيش في حسّك:** رغم أن كلمة (حسّ) مش معناها الأصلي ونس، لكن النّاس بتستخدمها بالمعنى ده، وهما اشتقّوها منَ فعل (حَسّ يِحِسّ) فيقصد الشّاعر إنه يعيش معاه، ويحسّ بيه، ويسمعه ويشوفه كل يوم.

**بينطق سكاتي:** كلمتي سكات وسكوت مصدرين لفعل (سِكِت يِسْكُت).

# التدريبات

**١ - أسئلة الفهم والاستيعاب:**

أ قد إيه بيحبّ الشّاعر حبيبه؟

ب تعرف إيه عن العواذل؟

ت إزاي بينطق سكات الشّاعر؟

**٢ - وصّل الكلمة بعكسها:**

| | |
|---|---|
| أول | قَلَق |
| أبعد | آخر |
| عَزّ | ذَلّ |
| طمّن | سكت |
| نطق | أقرب |

**٣ - استخرج من النّصّ:**

١٨ فعل مضارع – صفتين على وزن أفعل التفضيل – مصدر.

**٤ - كمّل الجمل دي بكلمات من عندك:**

أ ........ش في بالي إنك تيجيلي النّهارده.

ب ........ ما ندخل السينما في العيد والزحمة، تعالى ندخلها دلوقتي.

ت تفتكر الإنسان يقدر ........ كل اللي يتمنّاه.

ث لما شفت زمايلي بيتخانقوا ........ عن بعض.

ج عندي ........ خفيفة في جسمي لإني عمت كتير النّهارده.

**٥ - اختار الإجابة الصحيحة من بين الأقواس**

أ أنا باحبّ خطيبي قوي و ........ عليه من أي بنت.

(باغيّر – باغير – باغار)

ب  ربّنا يطوّل لنا في عمرك يا ماما ونفضل دايمًا عايشين في _____ .
(حسك – إحساسك – شعورك)

ت  إنت خيالك مش واسع، مايقدرش _____ _____ أكتر من كده.
(يتصل – يصول – يوصل)

ث  _____ العين بتحفظ رطوبتها.
(ريشة – رمشة – رعشة)

ج  الطّالب قعد ساعتين في الامتحان ومجاوبش ولا _____ .
(سكات – سؤال – حاجة)

## ٦ - حطّ الكلمات دي في جمل من عندك:

يخطر – يغير – يحوش – يعز – رمشة – رعشة – قد

## ٧ - صحّح أو غيّر الكلمات اللي فوق الخطّ في الجمل دي:

أ  إزاي الفكرة دي ماخطرتش على مخي.

ب  أنا خايف منك على قعادك لوحدك.

ت  من كتير حبّي ليك مابقتش قادرة أستغني عنك.

ث  لو مبقتش تغير من حبيبتك يبقى مابقتش تحبّها.

ج  طيب ماتشتري القميص الأحمر ده غير الأبيض اللي مش لايق عليك.

## ٨ - ناقش المدرس في موقف الشّاعر من حبيبه.

حلوة يا بلدي

حلوة يا بلدي

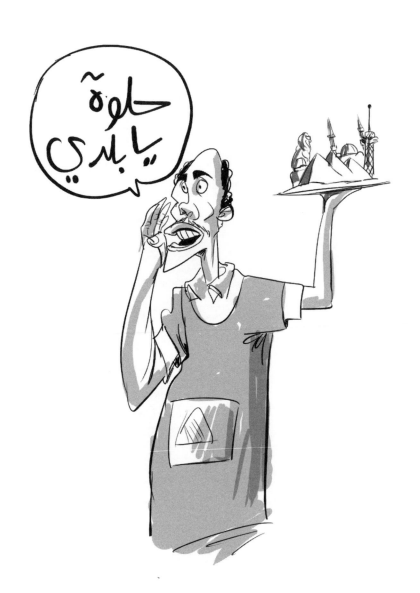

# ٤
# حلوة يا بلدي
# ١٩٧٩

كلمات: مروان سعادة – ألحان: بليغ حمدي – غناء: داليدا

كلمة حلوة وكلمتين
حلوة يا بلدي
غنوة حلوة وغنوتين
حلوة يا بلدي
أملي دايمًا كان يا بلدي
إنّي أرجع لك يا بلدي
وأفضل دايمًا جنبك على طول
ذكريات كل اللي فات
فاكرة يا بلدي
قلبي مليان بحكايات
فاكرة يا بلدي
أول حبّ كان في بلدي
مش ممكن أنساه يا بلدي
فين أيام زمان قبل الوداع
كنا بنقول إن الفراق ده مستحيل
وكل دمعة على الخدّين
كانت بتسيل
مليانة بأمل
إن إحنا نبقى موجودين

في بحر الحبّ على الشّطّين
كلمة حلوة وكلمتين
حلوة يا بلدي
غنوة حلوة وغنوتين
حلوة يا بلدي
فين حبيب القلب يا بلدي
كان بعيد عنّي يا بلدي
وكل ما باغنّي بافكّر فيه
قول يا حبيبي
إنت سايبني ورايح فين
أجمل لحن ده
هنغنّيه إحنا الاتنين
يا محلى كلمة بلدي
في غنوة بين سطرين
يا ليل يا عين
يا عين يا ليل يا ليل يا ليلي ليلي
كلمة حلوة وكلمتين
حلوة يا بلدي
غنوة حلوة وغنوتين
حلوة يا بلدي
أملي دايمًا كان يا بلدي
إنّي أرجع لك يا بلدي
وأفضل دايمًا جنبك على طول
قمر يا بلدي، حلوة يا بلدي

## المفردات

| | |
|---|---|
| بَلَد ج. بِلاد | country |
| فِضِل، يِفْضَل | to stay |
| ذِكْرى ج. ذِكْرَيات | memory |
| فُراق | separation |
| خَدّ ج. خُدود | cheek |
| شَطّ ج. شُطوط | shore, beach |
| ساب، يِسيب | to leave |
| سَطْر ج. سُطور | line |
| كِلْمة ج. كلمات | word |
| أَمَل ج. آمال | hope |
| رِجِع، يِرْجَع، رُجوع | to come back |
| غِنْوة | song |
| حِكَاية | story |
| نِسي، يِنْسى، نَسَيان | to forget |
| زَمان | old time |
| وَداع | farewell |
| مَلْيان/ة | full of |
| لَحْن ج. أَلْحان | melody |

## التعليق

في الأغنيّة نلاقي الشّاعر بيتغزّل في بلده. والمطربة داليدا هي فنانة إيطاليّة مصريّة اتولدت في القاهرة لأبوين إيطاليين مهاجرين. ممكن تلاقي أثر لكونها نصّ أجنبية واضح في صوتها وفي تأديتها للأغنيّة. عشان كده كان للأغنيّة دي أثر عميق في نفوس المصريين فالأغنيّة تكاد تكون واقعيّة وصادقة بنسبة مية في المية لأنها خرجت عن لسان فنانة سابت بلدها وعاشت فترة في أوروبا ورجعت بلدها تاني.

الأغنية عامّةً فيها مزج بين الوطنيّة والرومانسيّة، فالشّاعر ربط بين حبّه للبلد وحبّه القديم لشخص من البلد دي نشأت بينهم قصّة حبّ على أرضها. وهو راجع تاني ليها مفعم بمشاعر الحنين للوطن والماضي (نوستالجيا) اللي بتنتاب معظم المهاجرين عن بلادهم. وجات ألحان بليغ حمدي منسجمة تمامًا مع فكرة الأغنيّة، فالموسيقى خفيفة ومرحة مابيغلبش عليها الطابع الوطني التّقليدي، فمانتخيّلهاش مُغنّاة بصوت جيش البلد مثلًا زي باقي الأغاني والأناشيد الوطنيّة. وجه اختيار داليدا لأداء الأغنيّة دي كتتويج لحالة خاصّة وأغنيّة فريدة توافرت فيها كل أسباب النّجاح على المستوى النّقدي والشّعبي.

## ملاحظات

**إني أرجع – ذكريات كل اللي فات – فاكرة يا بلدي:** كلمات كلها بتدلّ على حالة الشعور بالحنين للوطن والماضي اللي بيحسّها الشّاعر.

**يا محلى كلمة بلدي:** يعني قد إيه كلمة بلدي حلوة! أو كلمة بلدي حلوة جدًّا! "محلى" كلمة مشتقة من كلمة "حلو" وأصلها في الفصحى "ما أحلى"، أو هي مصدر لفعل حلي، يحلي في العامية.

**يا عين يا ليل:** ارتباط العين بالليل في بيت واحد قديم جدًا في العاميّة المصريّة. وكان فيه نوع من الأغاني اسمه الموّال، بيكرّر فيه المغني أو المغنيّة مقطع "يا عين يا ليل" مرّات كتيرة بطرق مختلفة أو ألحان مختلفة.

**قمر يا بلدي:** هنا نحسّ إن الشّاعر بيكلّم بلده كأنّها بنت بيحبّها، فالخلط بين حبّ الوطن والحبّ الرومانسي موجود وظاهر من أول الأغنيّة، وهنا قمّة الخلط ده، لأن ماحدش بيتخيّل بلده كأنها قمر إلا واحد مغرم بوطنه أو قصّة حبّ ارتبطت بوطنه ده زي الشّاعر هنا.

## التدريبات

### ١ - أسئلة الفهم والاستيعاب:

أ  ليه الشّاعر بيحبّ بلده قوي كده؟

ب  إزاي عبّر الشّاعر عن حبّه ده؟

ت  الشّاعر رومانسي أكتر ولا وطني أكتر؟

ث  فيه علاقة بين حبيبة الشّاعر وبلده ولّا لا؟

### ٢ - وصّل الكلمة بعكسها:

| | |
|---|---|
| مستحيل | ناسي |
| مليان | يأس |
| أمل | أوحش |
| فاكر | غايب |
| أجمل | فاضي |
| موجود | ممكن |

### ٣ - كمّل الجمل دي بكلمات من عندك:

أ  أنا عارف إنّي مهما اتغرّبت في بلاد العالم هييجي يوم وأرجع لـ________.

ب  ________ كلمة تخرج من أفواه المجانين.

ت  لازم كل إنسان يكون عنده ________ عشان يعرف يعيش، اليأس ضياع لطاقة وقدرات الإنسان.

ث  كل ما باغنّي، ________ في حبيبي.

ج  الموسيقى الموضوعة للأغنيّة اسمها ________.

### ٤ - استخرج من النّصّ:

الأفعال المضارعة بدون "بـ" واذكر سبب عدم استخدامها – ٣ مصادر – كل الصّفات – الكلمات المثنى

**٥ - اختار الإجابة الصحيحة من بين الأقواس :**

أ نفسي ______ دايمًا جنبك يا حبيبي.
(أركب – أفضل – أشرب)

ب شاطئ و______ ليهم نفس المعنى.
(شطارة – شطّ – شطّة)

ت الميلودي هو ______ الأغنية.
(لحن – كلمات – مطرب)

ث كلمة مخدّة جاية من كلمة ______ .
(أخُد – خدّ – واخِد)

ج يا ______ عيشَة الفلاح مطّمن باله مرتاح!
(محلى – مبكى – مروى)

**٦ - حطّ الكلمات دي في جمل من عندك:**

محلى – سطر – بلدي – مليان – ذكريات – مستحيل

**٧ - ناقش مع المدرّس حبّ الشّاعر لبلده وذكرياته فيها، وإذا كنت بتحبّ بلدك بنفس الشّكل ده ولّا لأ، واذكر الأسباب.**

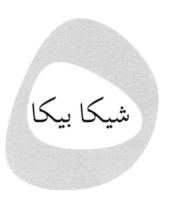

شيكا بيكا

SOUNDCLOUD

YouTube

كهربا
على ميكانيكا
خطر

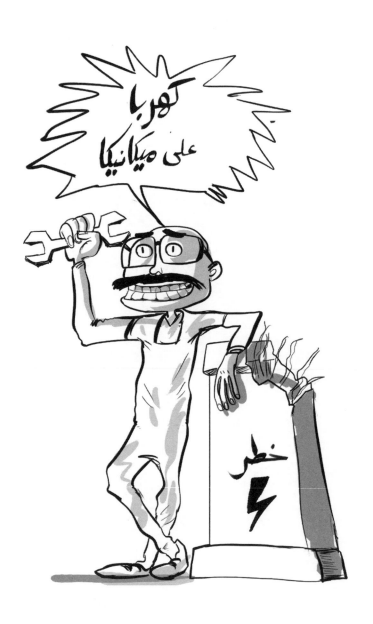

# ٥
## شيكا بيكا
### ١٩٧٩

كلمات: صلاح جاهين – ألحان: كمال الطّويل – غناء: سُعاد حسني

شيكا بيكا وبوليتيكا ومقالب أنتيكا

ولا تزعل ولا تحزن

اضحك برضه يا ويكا

ها ها ها ها ع الشّيكا بيكا

أنا باضحك من قلبي يا جماعة

مع إنّي راح منّي ولّاعة!

وبطاقتي في جاكتّة سرقوها

وغلاسة كمان لهفوا الشّمّاعة

بقيت أرجف م السّقعة لكن بضحك

الضّحك ده مزّيكا

كهربا علي ميكانيكا

اضحك ع الشّيكا بيكا

ها ها ها ها ع الشّيكا بيكا

أنا راح مني كمان حاجة كبيرة

أكبر من إني أجيب لها سيرة

قلبي بيزغزغ روحه بروحه

علشان يمسح منّه التّكشيرة

ادعوا له ينساها بقى ويضحك

الضّحك ده مزّيكا

كهربا علي ميكانيكا
اضحك ع الشّيكا بيكا
ها ها ها ع الشّيكا بيكا
هتقولّي الشّيكا بيكا إيه هيَّ
هيَّ الحركات اللي مش هيَّ
الفرقة والحرقة والغرقة
والزّمبة ف البومبة الذّريّة
فبدال ما نطقّ يا ولا لأ نضحك
الضّحك ده مزّيكا
كهربا علي ميكانيكا
اضحك ع الشّيكا بيكا
ها ها ها ع الشّيكا بيكا

# المفردات

| | |
|---|---|
| politics | بوليتيكا |
| trick, plot | مَقْلَب ج. مَقالب |
| antique | أَنْتِيكا |
| to be sad | زِعِل، يِزْعَل، زَعَل |
| also | بَرْضُه |
| genuinely | من قَلْبي |
| despite | مع إن |
| ID card | بطاقة ج. بَطايِق |
| lighter | وَلّاعة ج. ولاعات |
| to shiver | رَجَف، يِرْجِف |
| hunger | جوع |
| electricity | كَهْرَبا (مؤنثة) |
| to mention | جاب سيرة |
| to tickle | زَغْزَغ، يِزَغْزَغ، زَغْزَغة |
| grimace, frown | تَكْشيرة |
| to pray | دَعا، يِدْعي، دُعاء |
| separation | فُرْقة |
| heartache | حُرْقة |
| sinking | غَرْقة |
| tomfoolery | زُمْبة |
| bomb | بومْبة |
| atomic | ذَرِّية |
| to explode (from anger, frustration) | طَقّ، يِطَقّ |
| to take away, steal | لَهَف، يِلْهَف |
| meanness, annoyance | غَلاسة |

| | | |
|---|---|---|
| to be gone | راح، يِروح | |
| movements, actions, funny business | حَرَكات | |
| group, guys | جَماعة | |
| to be sad | حِزِن، يِحْزَن، حُزْن | |

## التعليق

غنّت سعاد حسني الأغنيّة دي في فيلم "المتوحّشة" سيناريو وحوار صلاح جاهين (كاتب كلمات الأغنيّة) وإبراهيم الموجي، عن مسرحيّة "المتوحّشة" للكاتب الفرنسي جان أنوي Jean Anouilh، وإخراج سمير سيف، وبطولة سعاد حسني ومحمود عبد العزيز وليلى فوزي، إنتاج عام ١٩٧٩.

الفيلم تدور قصّته حول فنانة استعراضيّة غير متعلّمة بيشوفها شاب ثري مثقّف في استعراض لها ويُعجب بها ويتعرّف عليها وتنشأ بينهم علاقة حبّ يطلب خلالها الشّابّ الجواز منها، لكن أمّه ترفض الجواز ده بسبب الفوارق الطّبقيّة بينهم، لكن البطل مايقتنعش بكلام أمّه، ويحاول إنه يغيّر من حياة البطلة على مستوى الملابس والثّقافة والعلاقات العامة. بعد كده تطلب أمّ البطل من البطلة إنّها تبعد عن ابنها، فتلبّي البطلة طلبها وتدّعي علاقة غرامية مع زميلها في الفرقة الاستعراضيّة وتطلب من حبيبها التخلّي عنها، لكنّه يعلم في النهاية إن كل ده كان إدّعاء وغير حقيقي ويروح يتفرّج على استعراضها (الأخير في الفيلم) ويقابلها ويسلّم عليها، فيحاول زميلها الغيور إنه يقتل الشّابّ بمطواة فتنقذه البطلة وتموت نتيجة الإصابة بيها وهيّ بتقول: "عارف يا أشرف [حبيبها]، حياتنا كانت هتبقى جميلة لو كان الدّنيا مافيهاش فقر."

والجملة دي بتعبّر عن فلسفة صلاح جاهين الخاصّة في رؤية الفقر على إنه أصل كل القبح والشّرّ في العالم ونلاقي واحدة من رباعيّاته بتقول:
"لو فيه سلام في الأرض وضمان وأمن
لو كان مافيش ولا فقر ولا خوف وجبن
لو يملك الإنسان مصير كل شيء
ده أنا كنت أجيب للدنيا ميت ألف ابن عجبي"

الأغنيّة دي هي آخر أغنيّة في الفيلم بتغنّيها سعاد حسني خلال أداءها للإستعراض الأخير. عشان كده يظهر جو الأغنيّة إنه سعيد ومرح ودعوة للضحك والتفاؤل لكن البطلة بتغنيه في الأصل وهيّ حزينة طبقًا لسياق الفيلم. وهنا تكمن براعة الشّاعر صلاح جاهين في التّعبير عن فلسفة حزينة وعميقة بكلمات خفيفة ومرحة، يعني جمع بين نقيضين في أغنيّة واحدة. ويظهر كل ده من تحليل كلمات الأغنيّة والجمل المستخدمة، ومشاهدة المشهد كله لحد النّهاية. وأدّت سعاد حسني تصوير الأغنيّة بمنتهى الاحتراف في تجسيد المشاعر المتناقضة دي، وهيّ دعوة إنسانة حزينة ومُحبَطة للضحك والفرح.

## ملاحظات

**شيكا بيكا**[١] **:** كلمتين بدون معنى محدد في اللغة العربيّة، يطلقوا على أي حاجة عديمة الأهميّة أو غير مفهومة. فيه أغنية وفيلم اسمهم ( أمريكا شيكا بيكا ) لمحمد فؤاد ينتقد فيهم الحلم الأمريكي عند الشّباب وتشبيه أمريكا بالجنّة أو تصويرها كأرض واعدة بالنّعيم.

**بوليتيكا:** (*politica*) كلمة إيطاليّة تعني السّياسة، دخلت العامية زمان.

**مقالب أنتيكا:** مقالب قديمة، كلمة أنتيكا (*antica*) كمان إيطاليّة.

**ويكا:** كلمة بتتقال كنداء لأي شخص (ذكر أو أنثى) بغرض الهزار. بقت قديمة دلوقتي.

**أنا راح منّي كمان حاجة كبيرة:** تقصد إن حبيبها ضاع منها، طبقًا لقصّة الفيلم.

**قلبي بيزغزغ روحه بروحه:** تعبير يدل على شدة الحزن لدرجة إنها بتحاول تفرّح نفسها بنفسها. مافيش حاجة بتفرّحها.

**الضّحك ده مزيكا كهربا على ميكانيكا:** تشبيه جميل ومضحك للضّحك ودعوة ليه، فالضّحك دليل على الحركة والحياة. بيأكد المعنى ده فعل الأمر في الجملة اللي بعد كده "اضحك."

---

١ يذكر في كتاب *From Pharaoh's Lips, Ancient Egyptian Language in the Arabic of Today* إن أصل التّعبير ده يرجع للغة المصريّة القديمة ودخل العربيّة من خلال اللغة القبطيّة، وهو يعني: "انه عملك" أو "خُذ مرتبك."

**الحركات اللي مش هيّ:** تعبير "مش هوّ" أو "مش هيّ" يعني حاجة وحشة سلبيّة، زي الفرقة والحرقة والغرقة. زي: "حفلة النهارده ماكانتش اللي هيّ."

**الفرقة والحرقة والغرقة:** كلمات دالّة على شدة حزن المغنّيّة.

**الزّمبة في البومبة الذريّة:** الغرض من الجملة دي الإشارة للقنبلة الذريّة والهزار في نفس الوقت. ومانئساش إن الأغنيّة بتتغنّى في استعراض هزلي مازح.

## التدريبات

**١ - أسئلة الفهم والاستيعاب:**

أ الشّاعر بيدعونا لإيه؟

ب إزاي شرح الشّاعر أهمية اللي بيدعونا ليه؟

ت إيه مدى إيمان الشّاعر باللي بيدعونا ليه؟

ث طريقة تعبير الشّاعر حزينة ولاّ مرحة؟

**٢ - وصّل الكلمة بعكسها:**

| | |
|---|---|
| ضحك | فرح |
| تكشير | ابتسام |
| سقعة | بكاء |
| فرقة | حرّ |
| زعل | لُقى |

**٣ - كمّل الجمل دي بكلمات من عندك:**

أ لو معاكش ــــــــ ادّيني كبريت.

ب عشان تعرف تحطّ اللبس في الدولاب لازم تستخدم ــــــــ .

ت ــــــــ البيجاما مقطوعة عشان كده مش هلبسها.

ث مش عايز أجيب ــــــــ الحادثة دي، كل مافتكرها باتضّايق.

ج زمان النّاس كانت بتقول على السّياسة ــــــــ وهي كلمة إيطاليّة.

**٤ - استخرج من النّصّ:**

كلمات على نفس الوزن- ٣ أفعال مضارعة بدون "بـ" مع ذكر سبب عدم استخدامها- فعلي أمر- فعلي نهي (نفي الأمر)- مصدرين.

**٥ - اختار الإجابة الصحيحة من بين الأقواس:**

أ لو مش معاك باسبور صور لي ________ بتاعتك.
(الشّهادة – البطاقة – الفلوس)

ب لو ________ أي حد هيضحك.
(زغزغت – ضربت – شتمت)

ت بلاش ________ وماتزعجنيش وأنا نايم.
(وجاهة – غلاسة – شياكة)

ث الشّاعر يقصد بالبومبة الذرية ________ الذّرية.
(الطّاقة – المحطة – القنبلة)

ج مزيكا وكهربا على ميكانيكا يعني حاجة ________ .
(غبيّة – سلبيّة – إيجابيّة)

ح خلاص ماتزعّلش نفسك، ولا ________ .
(بيهمك – يهمك – هيهمك)

خ من ساعة ما الكلب جري ورايا بقيت ________ من كل الكلاب.
(باخاف – أخاف – الاتنين صح)

د والله بادعيلك كل يوم ________ في الامتحان.
(بتنجح – هتنجح – تنجح)

ذ ابني مابيحبّش حد ________ .
(بيزغزغه – يزغزغه – زغزغه)

ر باحبّ البنت دي عشان لمّا ________ بتضحك من قلبها.
(بتضحك – تضحك – ضحكة)

ز سؤالك أتفه من إنّي ________ عليه.
(بَارُدّ – أَرُدّ – رَدّ)

**٦ - حطّ الكلمات دي في جمل من عندك:**

مزيكا – كهربا – بومبة – ذرية – فُرقة – حرقة – غرقة

**٧ - ناقش مع المدرّس رأيك في فيديو الأغنية وأداء المطربة الغنائي والاستعراضي.**

# ٦

## المريلة الكحلي

يعجبني أخذك للكتب بالحضن

# ٦
# المريلة الكحلي
# ١٩٩٠

كلمات: صلاح جاهين – ألحان: مدحت الخولي – غناء: محمد منير

يا بنت يا أم المريلة كحلي
يا شمس هالّة وطالّة من الكولة
لو قلت عنّك في الغزل قولة
ممنوع عليّ ولا مسموح لي
أنا أحبّ أقول الشّعر في الحلوين
والحلو أقول له يا حلو في عيونه
ولو ابتديت بشفايفك النّونو
مايكفّينيش فيهم سبع دواوين
يا ملاك يا جنيّة يا ستّ الحسن
يعجبني توهانك في أحلامك
يعجبني شدّ الخصر بحزامك
يعجبني أخدك للكتب بالحضن
راحوا الصّبايا والصّبايا جم
أجمل ما فيهم مين غير بنتي
وأجمل ما فيكي يا بنتي إن إنتي
في عينيكي من نينتي حنان الأم

# المفردات

| | |
|---|---|
| school uniform | مَرْيَلة ج. مَرايِل |
| navy blue | كُحْلي |
| to rise | هَلّ، يِهِـلّ |
| to overlook | طَلّ، يُطُلّ |
| flirting, romantic poetry | غَزَل |
| forbidden ≠ allowed | مَمْنوع ≠ مَسْموح |
| poetry | شِعْر |
| lip | شِفّة ج. شَفايِف |
| tiny, baby | نونو |
| to be enough | كَفّى، يِكَفّي |
| divan (book of poems) | ديوان ج. دَواوين |
| angel | مَلاك ج. مَلايْكة |
| fairy | جنية ج. جنيات |
| to wander, to get lost | تاه، يِتوه، تَوَهان |
| to tighten | شَدّ، يِشِدّ |
| waist | خَصْر |
| belt | حِزام ج. إحْزِمة |
| iris of eye | نِني |
| kindliness | حَنان |

## التعليق

من المعروف إنّ صلاح جاهين خلّف بنتين وولد، والأغنية دي كتبها لبنته في الواقع، زيّ ما كتب قصيدة تانية بعنوان "بهاء ابني" عن ابنه الوحيد.

الأغنيّة فيها كلمات غزليّة كتير لكنها تُؤخذ على محمل إنّها من أب لبنته. فالشّاعر الأب هنا بيتكلّم عن بنته وهي في عمر الدّراسة وبيعلن إنه معجب بيها في لبسها

لمريلتها المدرسيّة، ومعجب بتفكيرها ورسمها لأحلامها وبوضع حزام حوالين وسطها زي ما بتظهر البنات وهي رايحة المدرسة، حتى طريقة مسكها للكتب بتعجبه. وفي الآخر بيعلن صراحة إنه شايف إن بنته أجمل البنات اللي بيشوفهم وإن أجمل حاجة في بنته إن في عينيها ملامح حنان أم في المستقبل.

## ملاحظات

**يا شمس هلّة و طلّة من الكولة:** الكولة كلمة أجنبية، ممكن تكون دخلت المصرية من الإنجليزية، فهي في الإنجليزية *collar* ، وبالعامية المصرية فيه كلمة مرادفة ليها هي "ياقة" وبتستخدم مع كلمات قميص وبلوفر وبلوزة وغيرها، فبنقول "ياقة القميص واسعة شوية" مثلًا أو "الكولة واسعة شوية،" وفيه ناس بتقول "رقبة القميص أو البلوزة." والشاعر يقصد هنا إن وش بنته وهو طالع من ياقة المريلة يشبه الشمس.

**لو قلت عنك في الغزل قولة:** لو قلت عليكي كلام جميل وقوي في الغزل، والغزل هو كلام في الحبّ اللي بيه بيغازل حد الشخص اللي بيحبه، وغرض من أغراض الشعر العربي الفصيح.

**شفايفك النّونو:** كلمة نونو يعني صغير وجميل، وممكن تتقال على طفل أو بيبي.

**سبع دواوين:** الديوان هو كتاب بيضمّ مجموعة من القصايد.

**راحوا الصّبايا:** بييجي الفعل في الجمع مع الفاعل الجمع دايمًا، زي جم الطلاب أو الطلاب جم، مشيوا البنات أو البنات مشيوا. لكن مع اسم جمع مؤنث ممكن نستخدم فعل مفرد مؤنث، وعشان كده هنا كان الشاعر ممكن يقول راحت الصبايا أو راحت البنات.

**في عينيكي نني فيه حنان الأم:** عاطفة حنان الأم باينة في عينيكي.

## التدريبات

**١ - أسئلة الفهم والاستيعاب:**

أ مين بيغنّي للبنت اللي في الأغنية دي؟

ب هو إزاي شايفها؟

ت لأي مدى بيحبّها؟

ث إزاي دلّ الشّاعر على حبّه للبنت دي؟

ج إيه اللي بيعجب الشّاعر في البنت دي؟

ح إيه أكتر حاجة بيحبّها الشّاعر في البنت دي؟

**٢ - وصّل الكلمة بعكسها:**

| | |
|---|---|
| ابتدى | انتهى |
| ملاك | قسوة |
| حنان | وحش |
| راح | إرخاء |
| جميل | شيطان |
| شدّ | جه |

**٣ - كمّل الجمل دي بكلمات من عندك:**

أ الأطفال في مصر بيلبسوا ______ وهمّ رايحين المدرسة.

ب ______ هو الشّعر اللي بيقوله الشّاعر عن حبيبته.

ت الرّوج اسمه بالعربي أحمر ______ .

ث كتاب الشّعر اسمه ______ .

ج فيه بنات بتحب تشد ______ بحزام.

**٤ - استخرج من النّصّ:**

اسمي فاعل – اسمي مفعول – ٦ مصادر – أسلوب شرط – كل الصّفات

**٥ - اختار الإجابة الصحيحة من بين الأقواس**

أ   السّجاير ———— في الأماكن المغلقة.
(مسموحة – ممنوعة – محبوبة)

ب   ساعات السّما بالليل بيكون لونها ————.
(كحلي – أحمر – أزرق)

ت   ما أبويا رجع من السّفر خدته ————.
(بالوشّ – بالدّراع – بالحضن)

ث   كل البنات بتحبّ تسمع كلام ———— من حبيبها.
(غزل – رثاء – فخر)

ج   الكلام المقفّى المنظوم اسمه ————.
(نثر – شعر – مسرحيّة)


**٦ - حطّ الكلمات دي في جمل من عندك:**

نونو – ست الحسن – صبايا – يعجبني – مريلة – ممنوع – شفايف – مايكيفنيش


**٧ - ناقش مع المدرس رأيك في فكرة الأغنية والكلمات اللي استخدمها الشّاعر في توصيل أفكاره ومشاعره.**

ذهب الليل

مش قلتلك مليون مرة
سيب القطة في حالها؟
صح؟

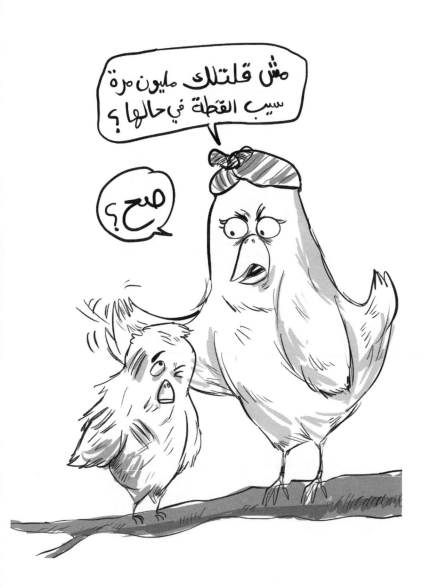

# ٧
## ذهب الليل
## ١٩٥٨

كلمات: حسين السّيد – ألحان وغناء: محمد فوزي

ذَهَبَ اللَيْلُ طَلَعَ الفَجْرُ والعَصْفور صَوصَو

شاف القطّة قال لها بسبس قالت له نونو

ماما قالت له سيب القطّة وخلّيها في حالها

فات مدرسته ورمى كراسته وراح جرّ شَكَلْها

راحت القطّة مخربشة إيده لمّا مسك ديلها

وآدي جزاة اللي مايسمعش كلمة ماما تقولها

ذَهَبَ اللَيْلُ طَلَعَ الفَجْرُ والعَصْفور صَوصَو

شاف القطّة قال لها بسبس قالت له نونو

أبلة قالت لي فيفي الحلوة زعلت من سوسو

راح يصالحها وباسها وهي حلفت ما تبوسه

جابت الحبر وعاصت إيدها وجات بشويش جنبه

مسحت إيدها في وشّه وعملت قال إيه بتلاعبه

سوسو ضربها ومسك الحبر اللي في إيدها وقلبه

على فستانها وشافهم بابا وضربها وضربه

ذَهَبَ اللَيْلُ طَلَعَ الفَجْرُ والعَصْفور صَوصَو

شاف القطّة قال لها بسبس قالت له نونو

ندر عليا أجيلكم وأولّع شمعة من شمعة

لحد الشّبر ونصّ ما يكبر ويروح الجّامعة

ميمي دكتور وسعاد دكتورة وإحنا ندعيلكم

وصلاح يبقى محامي وتوتو قاضي يصالحكم
وعصام بكره حيبقى ظابط ويدافع عنكم
يفدي وادي النّيل بحياته وحياته منكم
ذَهَبَ اللَيْلُ طَلَعَ الفَجْرُ والعَصْفور صَوصَو
شاف القطّة قال لها بسبس قالت له نونو

# المفردات

| | |
|---|---|
| to go | يَذْهَبُ، ذهاب (فُصحى) |
| to rise | طِلِع، يِطْلَع، طُلوع |
| night | ليل |
| dawn | فَجْر |
| bird | عَصْفور ج. عَصافير |
| to chirp | صَوصَو، يِصَوصَو، صَوصَوة |
| to see | شاف، يِشوف، شوف |
| cat | قُطَّة ج. قُطَط |
| to say | قال، يُقول، قول |
| to leave | ساب، يِسيب |
| to let | خَلَّى، يِخَلِّي |
| school | مَدْرَسة ج. مَدارس |
| to throw away | رَمى، يرمي، رَمْي |
| notebook | كُرّاسة ج. كُرّاسات/كَراريس |
| to go | راح، يُروح، مْرْواح |
| to provoke | جَرّ شَكَل |
| to scratch | خَرْبِش، يِخَرْبِش، خَرْبَشة |
| hand | إيد ج. أَيادي (مؤنثة) |
| to grasp | مِسِك، يِمْسِك، مَسْك |
| tail | ديل ج. دُيول |
| there it is | آدي |
| penalty | جَزاة |
| to listen, obey | سِمِع، يِسْمَع، سَمَع |
| word | كِلْمة ج. كلمات |
| female teacher | أَبْلة ج. أَبْلَوات |

| | |
|---|---|
| nice, beautiful, sweet | حلْو/ة ج. حلوين |
| to get upset | زِعَل، يِزْعَل، زَعَل |
| to reconcile, make up | صالِح، يِصالِح، مُصالحْة/صُلْح |
| to kiss | باس، يبوس، بوس |
| to swear | حِلِف، يِحْلِف، حِلْفان |
| to bring | جاب، يِجيب |
| ink | حِبْر ج. أَحْبار |
| to smear | عاص، يُعوص |
| to approach quietly | جِه بِشْويش |
| next, beside | جَنْب |
| to wipe | مَسَح، يِمْسَح، مَسْح |
| face | وِشّ ج. وُشوش |
| to pretend | عَمَل قال إيه |
| to play with | لاعب، يِلاعب، مُلاعْبة |
| to beat | ضَرَب، يِضْرَب، ضَرْب |
| to overturn | قَلَب، يِقْلِب، قَلْب |
| dress | فُسْتان ج. فَساتين |
| vow | نَدْر ج. نُدور |
| to come | جِه، يِيجي، مجِي |
| to light | وَلَّع، يِوَلَّع، تَوْليع |
| candle | شَمْعة ج. شَمْع/شَمْعات/شُموع |
| until | لِحد |
| span of the hand | شِبْر |
| to grow up | كِبِر، يِكْبَر، كُبْر |
| university | جَامْعة ج. جامعات |
| to pray | دَعا، يِدْعي، دُعاء |
| to become | بَقى، يِبْقى |
| lawyer | مُحامي ج. محامين |

| | |
|---|---|
| قاضي ج. قُضاة | judge |
| بُكْرة | tomorrow |
| ظابِط ج. ظُبّاط | officer |
| دافِع، يِدافِع، دِفاع | to defend |
| فَدى، يِفْدي، فِداء | to sacrifice one's life to |
| وادي النِّيل | the Nile Valley |

## التعليق

غنّى محمد فوزي الأغنيّة دي من ألحانه وكلمات حسين السّيد عام ١٩٥٨، ومحمد فوزي من أشهر المطربين اللي غنوّا للأطفال، فمن أعماله كمان الأغنيّة المشهورة جدًا "ماما زمانها جاية."

الأغنيّة بتحكي لنا في البداية عن عصفور صحي بعد الفجر وشاف قطّة وعاكسها فنصحته أمّه إنّه يسيب القطّة ومايضايقهاش لكن هو ماراحش المدرسة واستمرّ في معاكسة القطّة ومسك ديلها، عشان كده القطّة اللي مابتسيبش حقّها خربشته، وكان ده عقابه عشان ماسمعش كلام مامته. بعد كده هنلاقي ولد وبنت كانوا زعلانين مع بعض، ورغم أن الولد حاول يصالح البنت إلا إنّها ماقبلتش اعتذاره وحطّت حبر على وشّه، راح رمى هوّ الحبر على فستانها وعاقبهم باباهم بإنّه ضربها وضربه. ويتمنى المطرب (لأنه بيغنّي الأغنيّة دي قدام الأطفال) إنهم لما يكبروا يشتغلوا في وظايف يتمنّى كل طفل إنه يشتغلها لما يكبر زي دكتور وظابط ومحامي.

## ملاحظات

**ذهب الليل طلع الفجر والعصفور صوصو:** كل البيت فصحى. مقبول في الأغاني خلط الفصحى بالعامية خصوصًا إذا كانت تحمل روح مرحة.

**آدي:** أهو.

**ماسمعش كلمة ماما:** يعني ماعملش اللي ماما قالت له عليه.

**أبلة:** كلمة من التّركية وهي (*abla*) بتتقال للبنت أو الأخت الأكبر، وفي المصريّة بتتقال للمُدَرِّسة في المَدْرَسة.

**وشافهم بابا وضربها وضربه:** في أسلوب التّربية المصري أحيانًا الأب أو الأمّ بيستخدموا الضّرب، لكن مع تقدّم الزّمن وانتشار النّظريات النّفسيّة الخاصّة بتربية الأطفال بدأت النّاس تعرف إن الضّرب مش أسلوب كويس للتربية وإن له عيوب كتير بتنعكس على نفسيّة الطّفل وعلى معاملة الطفل ليهم فيما بعد. لكن للأسف لسّه في ناس بتستخدم الأسلوب ده في التّربية لحد دلوقتي.

**ندر عليا:** من الشّائع إن المصريين يحلفوا أو يوعدوا بعمل حاجة في المستقبل بشرط حدوث حاجة تانية وده اسمه ندر، زي واحد يقول: "ندر عليا لو نجح ابني في الامتحان لاشتري له عجلة." يعني أكيد لو ابني نجح هاشتري له عجلة.

**يفدي وادي النيل بحياته وحياته منكم:** نلاقي هنا حسّ وطني شديد وعميق عايز الشّاعر يغرزه في نفوس الأطفال، ومانساش إن الأغنية اتغنّت في فترة زمنيّة ذات خصوصيّة تاريخيّة في مصر لأنها كانت بعد ثورة ١٩٥٢ وتأميم قناة السّويس سنة ١٩٥٦.

# التدريبات

**١ - أسئلة الفهم والاستيعاب:**

أ العصفور كان بيضّايق القطّة ولّا لا؟ وعرفت إزاي؟

ب كان إيه جزاء العصفور عشان ماسمعش كلام مامته؟

ت ليه سوسو ضرب فيفي؟

ث كان إيه موقف بابا لما شاف فيفي وسوسو بيضايقوا بعض؟

**٢ - وصّل الكلمة بعكسها:**

| | |
|---|---|
| ذهب | عَدَل |
| راح | ودّى |
| جاب | جه |
| قلب | جاء |
| ولّع | طفّى |

**٣ - كمّل الجمل دي بكلمات من عندك:**

أ ماباحبّش أكتب في الكتاب نفسه، بكتب إجابات الأسئلة في ______ .

ب العصافير بـ ______ على الشجرة أهي، أنا سامع صوتها.

ت فيه ناس بتفضّل القلم ______ عن القلم الرصاص.

ث العصفور لمّا ______ القطة بَسْبِس لها.

ج لو صاحبك زعل منك وإنت غلطان ممكن ______ ـه.

**٤ - استخرج من النّصّ:**

**٧** أفعال ماضية - **٧** أفعال مضارعة بدون "بـ" - فعل مضارع باستخدام "بـ" - فعل أمر

**٥ - اختار الإجابة الصحيحة من بين الأقواس:**

أ الأم قالت لابنها وهو رايح المدرسة ماتجرّش ________ حد من زمايلك.
(رِجْل – إيد – شَكَل)

ب القِطّة ممكن ________ لو ضايقتيها.
(تخربشك – تضربك – تاكلك)

ت سيبني دلوقتي يا شريف وخلّيني في ________.
(أوضتي – وحدتي – حالي)

ث ذهب في العربيّة الفصحى يعني ________ في العامية المصريّة.
(سافر – جه – راح)

ج الشُّهداء ________ الوطن بحياتهم.
(فدوا – ماتوا – عاشوا)

ح ندر عليا ________ لك هدية لما تنجح.
(أجيب – هاجيب – باجيب)

**٦ - حطّ الكلمات دي في جمل من عندك:**

ساب – في حاله – جزاة – صالح – ندر – عاص – حبر – مسح – لاعب

**٧ - صحّح أو غيّر الكلمات اللي فوق الخطّ في الجمل دي:**

أ العصفور شاف القطّة ويقولّها بسبس.

ب راح العصفور للقطّة هيجرّ شَكَلها.

ت هو حلف لا يشرب سجاير تاني.

ث لما دخلت على ابني أوضته عمل كتب إيه بيذاكر وهو أصلًا كان بيكلّم صاحبه على الفيس بوك.

ج كل أم على استعداد إنّها تفدي ابنها لحياتها.

**٨ - ناقش مع المدرّس وزمايلك في الفصل اللي عمله العصفور مع القطّة، واللي عملته فيفي مع سوسو.**

# ٨

# أنا أكرهك

بكرهك
وانا كمان

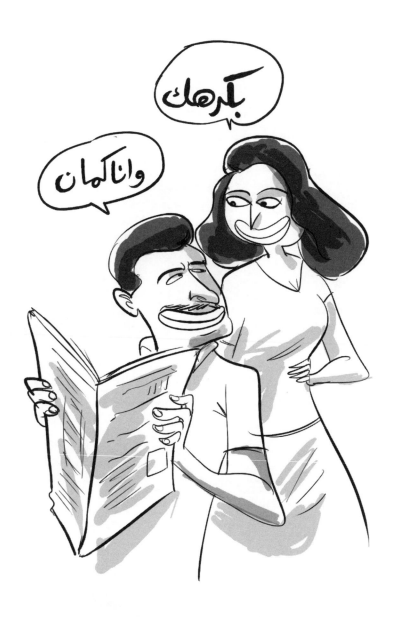

# ٨
# أنا أكرهك
# ١٩٥٤

كلمات: حسين السّيد – ألحان: محمد عبد الوهاب – غناء: صباح

أنا أكرهك أنا أكرهك ماعرفش ليه أنا أكرهك
وإن جابوا حبل المشنقة في رقبتى برضه أكرهك
أكره النّسمة اللي أشوفها فايتة وإنت جنبها
وأكره الوردة اللي أعرف إنَّك إنت تحبّها
وأكره الشّمس اللي أشوفك ماشي حتى في ضلّها
وأكره الدّنيا لو إنت تكون صحيح من أهلها
تصبح على خير وآدي النّجوم شاهدة وسامعة
تصبح على خير وإياك ماتصبح ولا توعى
أنا أكرهك أنا أكرهك ماعرفش ليه أنا أكرهك
وإن جابوا حبل المشنقة في رقبتى برضه أكرهك
لو فات خيالك في عينيا هاكره عينيا عشان خاطرك
وإن طال غيابك حواليا هادفع حياتى تمن بعدك
وحياة مين عالم بعذابي لو خبرك جاني وقالوا ده مات
لاجيب المزيكا على حسابي وأفرّق على روحك شربات
تصبح على خير وآدى النّجوم شاهدة وسامعة
تصبح على خير وإياك ماتصبح ولا توعى
أنا أكرهك أنا أكرهك ماعرفش ليه أنا أكرهك

## المفردات

| | |
|---|---|
| to hate | كرِه، يكْرَه، كُرْه |
| to know | عرِف، يعْرَف، مَعْرِفة |
| to bring | جاب، يجيب |
| rope | حَبْل ج. حِبال |
| gibbet | مَشْنَقة ج. مَشانق |
| noose | حَبْل المَشْنَقة |
| neck | رَقَبة ج. رِقاب |
| breeze | نِسْمة |
| to see | شاف، يِشوف، شوف |
| to pass | فات، يِفوت |
| next to, beside | جَنْب |
| flower | وَرْدة ج. وَرْد/وَرْدات/وُرود |
| to love | حَبّ، يِحِبّ، حُبّ |
| sun | شَمْس ج. شُموس (مؤنثة) |
| to walk | مِشي، يِمْشي، مَشْي |
| even | حَتى |
| shadow | ضِلّ |
| world | دُنيا |
| really | صَحيح |
| family | أَهْل ج. أَهالي |
| to wake up | صِبِح، يِصْبَح |
| star | نِجْمة ج. نِجمات/نُجوم |
| to witness | شَهَد، يِشْهَد، شِهادة |
| to listen, hear | سِمِع، يِسْمَع، سَمَع |
| don't do something (imperative) | إياك + فعل |

| | |
|---|---|
| وَعى، يِوْعى، وَعْي | to be aware |
| خَيال | image, shadow |
| عين ج. عُيون (مؤنثة) | eye |
| عَشان خاطْرك | because of you, for you |
| طال، يُطول | be long |
| حَواليّا | around me |
| دَفَع، يِدْفَع، دَفْع | to pay |
| تَمَن ج. أَتْمان | price |
| بِعِد، يِبْعد، بُعد | to be distant |
| حَياة | life |
| عِلِم، يِعْلَم، عِلْم | to know |
| عَذاب | torture |
| خَبَرَك | news of your death |
| جِه، يِيجي، مِجي | to come, to be about to |
| قال، يُقول، قول | to say |
| مَزّيكا (مؤنثة) | music |
| عَلى حِسابي | out of my own pocket |
| فَرّق، يِفَرَّق، تَفْريق | to distribute |
| روح ج. أَرْواح (مؤنثة) | soul, spirit |
| شَرْبات | sherbet |
| غياب | absence |
| بُعْد | distance |

## التعليق

الطّقطوقة دي غنّتها صباح من كلمات حسين السّيد وألحان الموسيقار محمد عبد الوهاب في فيلم "خطف مراتي" بطولتها هيّ وأنور وجدي، قصة وحوار بديع خيري وإخراج وسيناريو حسن الصيفي، إنتاج سنة ١٩٥٤. الأغنية دي اتغنّت في الفيلم في سياق كوميدي ساخر.

هنا الشّاعر بيعبّر عن مشاعر ستّ تجاه جوزها، لأنها أغنية اتكتبت لفيلم، وهي حاسّة إنها بتكره جوزها ده، فمن خلال قصّة وسياق الفيلم يبان إنّها على سبيل الدُعابة، فبتقولّه أنا بكرهك لدرجة إن النّاس لو هيموّتوني برده مش هحبّك، وبكره كل حاجة إنت بتحبّها أو ليها علاقة بيك حتى الهوا، والورد، والشّمس، والدّنيا كمان، بعدين بتقولّه تصبح على خير، عشان هي بتغنّيله الأغنيّة دي قبل ما ينام، وبتقول إن النّجوم بس هي اللي شايفة عذابها وإنها بتتمنى موته، ووصل معاها الكره لدرجة إنها هتكره عينيها لو تخيّلته، وهتدفع حياتها تمن غيابه عنها، وإن الناس لو بلّغوها إنه مات هتشغّل مزّيكا (اللي هي أصلًا بتعبّر عن الفرح) وتوزّع على النّاس شربات (اللي برده بيعبّر عن الفرح).

## ملاحظات

**أنا أكرهك:** استخدام الفعل في زمن المضارع بدون "بـ" ممكن أحيانًا، خاصة لو الفعل هيتكرّر أكتر من مرّة، وده للتخفيف.

**إن جابوا:** بعد "إن" دايمًا بييجي فعل ماضي (فعل الشرط)، وفي جزء الجملة التاني (جواب الشرط) ممكن فعل مضارع أو مستقبل. زي: "إن جه الطالب نبدأ الدرس."

**الشّمس اللي ماشي في ضلها:** يُقصد الشّمس اللي ماشي تحتها، التعبير ده ممكن في العامية، رغم إن في الواقع الشّمس مالهاش ضلّ. في اللغة أحيانًا فيه تعبيرات غير واقعية أو منطقية لكن شائعة جدًا، زي التعبير اللي فات، وتعبير "أنا قاعد في الشّمس" فالمقصود هنا أنا قاعد تحت الشّمس أو في نور الشّمس.

**أكره الدّنيا:** الدّنيا معناها العالم، لكن في السّياق الدّيني هي عكس الآخرة (يعني الحياة بعد الموت)، في النّصّ يُقصد بها الحياة هنا في العالم ده.

**آدي النّجوم:** "آدي" كلمة شائعة جدًا في العامية، الناس بيقولوها لمّا بيعوزوا يلفتوا انتباه السّامع لحاجة معينة، وعادة بتُستخدم وإنت باصص على حاجة معينة. زي: "آدي الكتاب اللي إنت كنت عايزه،" "آدي السّاعة الجديدة اللي اشتريتها." وبتُستخدم للمذكر والمؤنث، المفرد والجمع.

**إياك ما تصبح:** إياك + ما + فعل مضارع بدون "بـ" بيُستخدم للدعاء على المُخاطَب أو لأمر المخاطَب، بتقوله النّاس لما تكون مضايقة جدًا من واحد، زي: "إياك ما تعمل كذا كذا."

**لو فات:** بعد لو ممكن نستخدم فعل في زمن الماضي: "لو فات خيالك في عينيا هكره عينيا،" أو فعل في زمن المضارع: "لو تحب تفتح الشّبّاك افتحه،" أو فعل في زمن المستقبل: "لو هتاكل معايا هطلب فرخة كاملة."

**عشان خاطرك:** يعني من أجلك، ليك، عشانك، أو بسببك. وخاطر أصلًا يعني قلب. فعشان خاطرك يعني: من أجل قلبك.

**إن طال غيابك:** بعد "إن" نلاحظ استخدام زمن الماضي. الجملة يعني لو غيابك طوِّل.

**وحياة مين عالم:** و + أي اسم، بيُستخدم للحلفان بالاسم اللي بعد "و" زي: واللهِ، والقرآن، والمصحف، والإنجيل، والكعبة، وحياة ربنا، ورحمة أبويا، إلخ.

**لاجيب المزيكا:** بعد الحلفان ممكن الفعل يبدأ بحرف اللام. زي: "والله لو جبت مجموع كويس في الثانوية لأجيبلك عجلة." وبعد فعل خاف كمان، زي: "أنا خايف لانسى الإنجليزي من قلة استخدامه."

**أفرّق على روحك شربات:** يفرّق على روح حد، يعني النّاس (أهل الميت) تقدّم للأهل والجيران حاجة تتشرب أو تتاكل ابتغاء رحمة ربنا على الميت، المفروض النّاس تفرّق على روح الميت فاكهة أو مخبوزات. لكن هنا المطربة بتقول "شربات" (اللي هو عصير فاكهة بسكر كتير) وده رمز للفرح، وهيّ تقصد تسخر من جوزها.

## التدريبات

**١ - أسئلة الفهم والاستيعاب:**

أ لأي درجة بيكره الشّاعر الشّخص اللي بيخاطبه؟

ب إزاي وصف الشّاعر كرهه للشّخص ده؟

ت الشّاعر بيتمنى إيه للشّخص ده؟ وعرفت إزاي؟

**٢ - وصّل الكلمة بعكسها:**

| | |
|---|---|
| حبّ | طوّل |
| قــصر | كره |
| قُرَب | بُعد |
| جسم | جاب |
| ودّى | روح |

**٣ - كمّل الجمل دي بكلمات من عندك:**

أ أجمل هدية جوزي جابهالي في عيد جوازنا كانت ______ ريحتها حلوة.

ب ياللا أنا داخل أنام ______ على خير.

ت بتحب تذاكر وإنت بتسمع ______ ولا بتفضّل تذاكر في هدوء.

ث فين البنك الأهلي لو سمحت؟ - ______ والله.

ج لو ماجيتيش بكرة المحاضرة يا نادية أنا هكتبك ______.

**٤ - استخرج من النّصّ:**

٥ أفعال في المضارع - فعلين في المستقبل

**٥ - اختار الإجابة الصحيحة من بين الأقواس:**

أ أنا ولا باحبّ السّينما ولا ______.

(باكرهها - باعشقها - باسيبها)

ب  العُقْد ده شكله جميل قوي في ________.
(إيدك – رجلك – رقبتك)

ت  بحب قوي أمشي تحت الشّمس وأبصّ على ________.
(خيالي – صورتي – حقيقتي)

ث  كل يوم بعد الشّغل لازم ________ على السّوبر ماركت.
(أجيب – أفوت – أدخل)

ج  عشان ________ أعمل لك كل اللي إنت عايزه يا حبيبي.
(قلبك – فؤادك – خاطرك)

ح  لا ________ معرض الكتاب السّنة دي ولا ________ كتب.
(رحنا، اشرتينا – بنروح، بنشتري – نروح، نشتري)

خ  أنا خايف ________ الولد تروح عليه نومة يوم الامتحان.
(لَ - لم – لا)

د  إنت فيه حاجات كتير ________ في عالم السياسة.
(ماتعرفهاش – مابتعرفهاش – مش هتعرفها)

ذ  أكره الشّمس اللي أشوفك ________ في ضلها.
(هتمشي – ماشي – مَشْي)

ر  ________ جابوا حبل المشنقة في رقبتي برضه أكرهك.
(إن – زي ما – طالما)

ز  والله ________ بالي من كل حاجة بعد كده.
(أخد – لاخد – أخدت)

س  امشي بقى وإياك ________ هنا تاني.
(هتيجي – بتيجي – تيجي)

**٦ - حطّ الكلمات دي في جمل من عندك:**

رقبتي – النجوم – شاهدة – إياك – عشان خاطرك – تمن – على حسابي

**٧ - صحّح أو غيّر الكلمات اللي فوق الخطّ في الجمل دي:**

أ  بيشتمني قدّامك أهو خليك بتشهد.

ب  تصبح على خير وآدي النجوم تشهد وتسمع.

ت إن هيجيبوا فراخ هاكل معاهم.
ث لو رحت المكتبة جبت لك كتب معايا.
ج والله أجيبلك اللي إنتي عايزاه في عيد ميلادك.
ح أنا عازمكو النّهارده، كل اللي هتاكلوه على جيبي.
خ النّاس بتفرّق على حياة الميت فاكهة ومخبوزات.

**٨ - ناقش مع المدرّس والطّلبة آرائك عن موضوع الأغنيّة، ووضّح إذا كنت شايف إن ممكن حد يكره اللي كان بيحبّه، وإيه الأسباب اللي ممكن تدفعه لكده. وإذا كنت شايف تعبيرات الشّاعر مُبالَغ فيها ولّا مناسبة لموضوع النّصّ.**

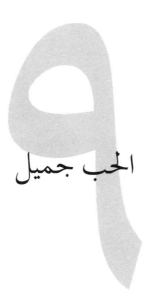

٩

# الحب جميل

لا انا عايش
برة ومبسوط
الحب جميل
للي عايش فيه

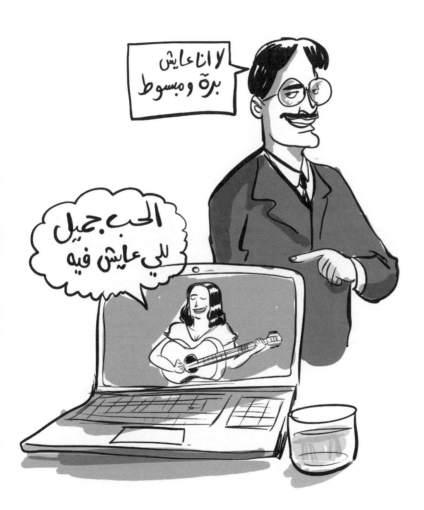

# ٩
# الحب جميل
# ١٩٤٩

كلمات: حسين السّيد – ألحان: محمد عبد الوهاب – غناء: ليلى مراد

الحبّ جميل للي عايش فيه
له ألف دليل اسألوني عليه
بيفوت ع العين ويصحّيها من عز النّوم
ويفوت ع الرّوح ويطير بيها الدّنيا في يوم
ولّما القلب ييجي يفرح
ساعة ما ألاقيه قاعد جنبي
أمالي الحلوة تتمرجح في دقة قلبه مع قلبي
وإن فات حبيبي يوم أو غاب
أنا والظّنون دايمًا في عتاب
واللي انشغل بهوى الأحباب
عذابه راحة وراحته عذاب
لا اللي صفا له حبيب
باله هدي وارتاح
ولا اللي فاته نصيب
نامت في قلبه جراح
لّما يخاصمني بافرح وأصوّر
فرحة لقاه لو يوم جاني
وإن جه صالحني أبكي وأفكّر
من خوفي ليخاصم تاني

# المفردات

| | |
|---|---|
| حُبّ | love |
| جَميل/ة | beautiful |
| أَلْف | thousand |
| دَليل ج. أَدِلّة | sign, proof, evidence |
| سَأل، يِسْأَل، سُؤال | to ask |
| فات، يُفوت | to pass |
| عين ج. عُيون (مؤنثة) | eye |
| صَحّى، يِصَحّي، صَحيان | to wake up |
| عِزّ النُّوم | deep sleep |
| نام، يِنام، نوم | to sleep |
| روح ج. أَرْواح (مؤنثة) | soul, spirit |
| طار، يِطير، طَيَران | to fly |
| دُنْيا | world |
| يوم ج. أَيام | day |
| قَلْب ج. قُلوب | heart |
| جِه، يِيجي، مجِي | to come, to be about to do something |
| فِرِح، يِفْرَح، فَرَح | to rejoice, to be happy |
| ساعة + (اسم/ما فعل) | when |
| لاقى، يِلاقي | to find |
| قَعَد، يِقْعُد، قُعاد | to sit (down) |
| جَنْب | beside, next to |
| أَمَل ج. آمال | hope |
| حِلْو/ة | nice, sweet |
| اتْمَرْجَح، يِتْمَرْجَح، مَرْجَحة | to swing |
| دَقّة ج. دقات | beat |

| | |
|---|---|
| حَبيب ج. أَحْباب/حبايب | beloved, darling |
| يوم | one day |
| غاب، يِغيب، غِياب | to be absent |
| ظَنّ ج. ظُنون | thought |
| دايمًا | always |
| عتاب | blame |
| انْشَغَل، يِنْشغِل، انْشَغال | to be preoccupied/busy with |
| هَوى = حُبّ | love |
| عَذاب | torture, pain |
| راحة | comfort, relief |
| صَفا لـ، يِصْفا لـ، صَفْو | to be good with, be clear |
| بال = عَقْل | mind |
| هدي، يِهْدى | to be calm, quiet |
| ارْتاح، يِرْتاح، ارْتِياح | to feel relaxed or rested |
| نَصيب | portion, fortune |
| جَرْح ج. جُروح/جِراح | wound |
| خاصِم، يِخاصِم، مُخاصْمة/خصام | when people avoid each other after a fight |
| صَوَّر، يِصَوَّر، تَصْوير | to express |
| صالِح، يِصالِح، مُصالْحة/صُلْح | to reconcile, to make up |
| بَكى، يِبْكي، بُكاء | to cry, to weep |
| فَكَّر، يِفَكَّر، تَفْكير | to think |
| خاف، يِخاف، خوف | to be afraid |
| تاني | again |

## التعليق

غنّت ليلى مراد المونولوج ده من كلمات حسين السّيد وموسيقى محمد عبد الوهاب في فيلم "غزل البنات" بطولتها هيّ ونجيب الريحاني وسليمان نجيب وأنور وجدي، قصّة أنور وجدي وحوار نجيب الريحاني وبديع خيري وإخراج أنور وجدي، إنتاج سنة ١٩٤٩.

بيوصف الشّاعر الحبّ بإنه جميل وبيذكر مظاهر الحبّ على الإنسان زي البعد عن النّوم، وربما يقصد الشّاعر البعد عن الكسل، والإحساس بإن الرّوح بتطير من الفرح، وبعدين بيتكلّم عن حالة حبّه هوّ، وبيوصف لينا مشاعره في حالة وجود حبيبه معاه أو غيابه عنّه، وهو شايف إن عقل الإنسان مشغول دايمًا بالحبّ حتى لو ماعندوش حبيب، بعد كده بيرجع لحبّه تاني، وبيقول إنه في غياب حبيبه بيفكّر فيه كتير وبيتمنّى رجوعه وفي وجود حبيبه معاه بيكون قلقان لَيسيبه تاني بسبب زعل أو أي مشكلة بينهم.

## ملاحظات

**له ألف دليل:** ليه أدلّة كتير. كلمة ألف بتعبّر عن كتر العدد.

**بيفوت ع العين:** أصلها بيفوت على العين، لكن «على» قبل كلمة بتبدأ ب «ال» التعريف بتُختصر لحرف العين بس وعليه فتحة. وهو يقصد إن الحبّ بيعدّي على العين.

**عزّ النّوم:** أحسن وأعمق وقت في النّوم يعني ذروة النّوم، زي: عزّ الضّهر: لما الشّمس بتكون في وسط السّما، عز الشّمس: نفس المعنى اللي فات، عزّ النّجاح: في قمة النّجاح. عزّ يعني ذروة أو قمّة.

**يفوت ع الرّوح ويطير بيها:** يعني الحبّ لما بيجي للإنسان بيخليه طاير من الفرح، أو من الإحساس الجميل بالحبّ.

**لما القلب ييجي يفرح:** لما القلب يفرح أو قرّب يفرح، على وشك الفرح. فعل "ييجي" ممكن ييجي قبل أي فعل بمعنى يقرّب يعمل الفعل ده، أو في حالة عمل الفعل ده. زي: كل يوم لما آجي أنام بيضايقني صوت التليفزيون عند الجيران.

**ساعة ما ألاقيه قاعد جنبي:** لمّا ألاقيه قاعد جنبي. ساعة يعني عندما أو لمّا. ساعة + اسم، زي: "بحبّ يكون فيه هدوء ساعة النوم." ساعة + ما + فعل، زي: "باكون فرحان جدًا ساعة ما باسمع موسيقى." كلمات "قبل – بعد – لغاية – لحد – يوم – لحظة – سنة" بتُستخدم زي ساعة، يعني بتُتبع باسم مباشرةً أو بـ "ما" وبعد كده الفعل.

**آمالي الحلوة تتمرجح في دقة قلبه مع قلبي:** تعبير جميل يدلّ على شدّة إندماجهم في مشاعر الحبّ اللي بتوحّدهم.

**إن فات حبيبي يوم:** لو سابني حبيبي مرّة.

**اللي صفا له حبيبه:** كان حبيبه كويس معاه ومش زعلان منه، فعل صفا يعني كان صافي أو واضح أو مش زعلان. زي: صفت المية، صفا الجو بعد ما خلصت العاصفة، صفت السما بعد المطر، وفيه ناس بتقول "صفي" بدل "صفا" والاتنين بنفس المعنى.

**اللي فاته نصيب:** ماكانش عنده حظ حلو في الحب. فاته يعني سابه أو تركه أو ماراحلوش أصلًا، والنصيب يعني الحظّ أو القدر.

# التدريبات

## ١ - أسئلة الفهم والاستيعاب:

أ إيه رأي الشّاعر في الحبّ؟

ب إزاي وصف الشّاعر حال المحبّين؟

ت إمتى بيفرح الشّاعر وإمتى بيزعل؟

ث إنت موافق الشّاعر في رأيه في الحبّ؟ وليه؟

ج إزاي وصف الشّاعر الحبّ؟

## ٢ - وصّل الكلمة بعكسها:

| | |
|---|---|
| وحش | ييجي |
| يروح | ينام |
| يصحى | يرتاح |
| يصالح | يهدى |
| يتعب | حلو |
| يثور | يخاصم |

## ٣ - كمّل الجمل دي بكلمات من عندك:

أ النّظرية دي ضعيفة جدًا مافيش أي ______ عليها.

ب ______ يا ماما بكرة السّاعة ٩ عشان عندي تمرين في النّادي.

ت الرّبيع ______ والورد ملا الجنينة.

ث ______ النّاس عن مكان السّينما لو مش عارف تروحلها.

ج ______ شويّة لما نمت ساعتين بعد التّمرين.

ح ______ الإنسان بيدقّ أسرع لما بيبذل الجسم أي مجهود.

## ٤ - استخرج من النّصّ:

اسمي فاعل - ٥ أفعال في المضارع - جملتين في أسلوب شرط

**٥ - اختار الإجابة الصحيحة من بين الأقواس:**

أ   الحبّ جميل وليه ألف ________ .

(دليل – شكل – إحساس)

ب   الحبّ بيفوت على العين و________ .

(الرّوح – الجسم – العقل)

ت   أنا عمري ما ________ من المدرسة.

(رحت – غبت – جيت)

ث   مش باحب الصّديق اللي ________ كتير.

(بيصالحني – بيخاصمني – بيرجع لي)

ج   ________ مش فاضي اليومين دول، مشغول شويّة.

(روحي – بالي – راسي)

ح   قبل ما تروّح فوت ________ السّوبر ماركت.

(ع – عن – ب)

خ   ركبنا الطّيارة وطارت ________ لفرنسا.

(بينا – علينا – معانا)

د   أنا ماباحبّش حدّ يصحّيني ________ النّوم.

(من – في – ل)

ذ   اللي ________ مايتوهش.

(ياكل – يسأل – يعرف)

ر   إن ________ حد يعرفني ماتكلّموش عليا.

(تقابل – قابلت – هتقابل)

**٦ - حطّ الكلمات دي في جمل من عندك:**

دليل – تتمرجح – عذاب – نصيب – صالحني – خوفي – انشغل

**٧ - صحّح أو غيّر الكلمات اللي فوق الخطّ في الجمل دي:**

أ   امبارح التّليفون صحّاني من <u>عمق</u> النّوم.

ب   الحبّ بيفوت ع الرّوح <u>وطار</u> بيها الدّنيا في يوم.

ت   لما جيت <u>باكلّم</u> صاحبي على سكايب النّور قطع.

ث  إن هاخد أجازة هفوت عليك.
ج  أختي انشغلت لتربية ولادها وبقت بتزورنا قليّل.
ح  أنا خايف عشان يحملّوني مسؤولية المشكلة دي.
خ  أنا لا هاقابله ومش هاكلمه تاني.

**٨ - حطّ علامة صح أو غلط قدّام الجمل دي:**

أ  الشّاعر شايف إن الحبّ مستحيل. (   )
ب  اللي عنده حبيب بس هو اللي مرتاح. (   )
ت  الحبّ ليه أدلّة كتير جدًا. (   )
ث  الشّاعر بيزعل وبيفكّر كتير لو حبيبه سابه. (   )
ج  لمّا الشّاعر حبيبه بيرجع له بيبكي. (   )

**٩ - ناقش مع المدرّس والطّلبة رأيك في آراء الشّاعر عن الحبّ ووضّح إذا كنت توافقه ولّا لأ وليه.**

١٠

# أحبّك أحبّك

SOUNDCLOUD

YouTube

انا اجعل شبابي لحبك هدية

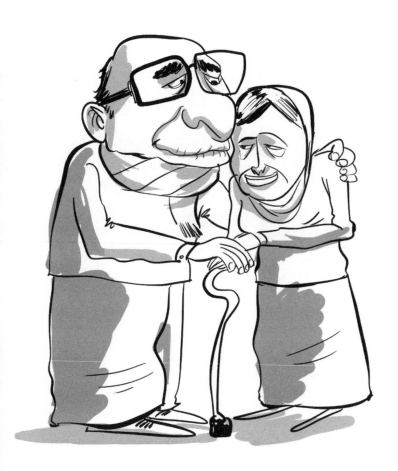

# ١٠
## أحبّك أحبّك
## ١٩٥٤

كلمات: صالح جودت – ألحان: محمد عبد الوهاب – غناء: شادية

أحبّك أحبّك وأضحّي لحبّك أعزّ الحبايب

وعمري ما أكابر وأقول وإنت حاضر وأقول وإنت غايب

أحبّك أحبّك أحبّك أحبّك أنا أنا أنا أحبّك

أنا أجعل شبابي لحبّك هدية

وتطلب حياتي أقول لك شويّة

وأقدّم فؤادي وروحي وعينيا

وأهلي وحبايبي يهونوا عليا

وأرضى بغرامك أكون الضحيّة

ما دام أبقى جنبك وساكنة في قلبك

أحبّك أحبّك أحبّك أحبّك أنا أنا أنا أحبّك

حكايتي في غرامك دي كانت حكاية

قريت بين عيونك من الحبّ آية

وشفت في حنانك جمال البداية

وخايفة يا روحي تخوني النّهاية

وتخلف ظنوني في آخر الرّواية

وأقول لك يا قلبك في بعدك وقربك

أحبّك أحبّك أحبّك أحبّك أنا أنا أنا أحبّك

دي كلمة أحبك تخفّف آلامي

يا فرحة عينيا وسرّ ابتسامي

إذا كنت باحلم في نشوة غرامي

ماتقساش عليا وسبني في منامي
أغمّض وأشوفكَ تنوّر ظلامي
وأقابلك وأعاتبك وأغنّي في حبّك
أحبّك أحبّك أحبّك أحبّك أنا أنا أنا أحبّك

# المفردات

| | |
|---|---|
| to love | حَبَّ، يحِبّ، حُبّ |
| to sacrifice | ضَحّى، يِضَحّي، تَضْحية |
| dear | عَزيز/ة ج. أعزّاء/عُزاز |
| darling, beloved | حَبيب/ة ج. حبايب/أحباب |
| age | عُمْر |
| to stickle | كابِر، يكابِر، مُكابْرة |
| to say | قال، يُقول، قول |
| present | حاضِر/ة ج. حاضرين |
| absent | غايِب/ة ج. غايبين |
| to make | جَعَل، يِجْعَل، جَعْل |
| youth, young age | شَباب |
| love | حُبّ |
| gift | هدية ج. هَدايا |
| to ask for | طَلَب، يُطْلُب، طَلَب |
| life | حَياة |
| a little bit | شُوية |
| to offer, present | قَدَّم، يقَدِّم، تَقْديم |
| heart | فُؤاد ج. أفْئدة |
| spirit, soul | روح ج. أرْواح (مؤنّثة) |
| family | أهْل ج. أهالي (مؤنّثة أو جمع) |
| to be trivial, to be easy for someone | هان، يُهون |
| to accept | رِضي، يِرْضى، رِضا |
| love | غَرام = حُبّ |
| victim | ضَحيّة ج. ضَحايا |
| as long as | ما دام = طالما = طول ما |
| to become | بَقى، يِبْقى |

| | |
|---|---|
| dwelling, residing | ساكِن/ة ج. ساكنين |
| heart | قَلْب ج. قُلوب |
| story | حِكاية ج. حكايات |
| to read | قَرا، يِقْرا، قراية |
| sign | آية ج. آيات |
| to see | شاف، يِشوف، شوف |
| kindness, affection | حَنان |
| beauty | جَمال |
| beginning | بِداية |
| afraid | خايِف/ة ج. خايفين |
| to be afraid | خاف، يِخاف، خوف |
| end | نِهاية |
| to disappoint | خَلَف الظَّن، يِخْلِف الظَّن |
| end of | آخِر |
| story | رِواية ج. روايات |
| to meet | قابِل، يِقابِل، مُقابْلة |
| to blame | عاتِب، يِعاتِب، عتاب |
| word | كِلْمة ج. كَلمات |
| to relieve | خَفِّف، يِخَفِّف، تَخْفيف |
| pain | أَلَم ج. آلام |
| joy | فَرْحة |
| secret | سِرّ ج. أَسْرار |
| smile | ابْتِسام |
| to dream | حِلِم، يِحْلَم، حلْم |
| ecstasy, extreme happiness | نَشْوة |
| to be cruel | قَسي، يِقْسى، قَسْوة |
| to leave | ساب، يِسيب |
| dream | مَنام |

| | |
|---|---|
| غَمَّض، يِغَمَّض، تَغْميض | to close one›s eyes |
| نَوَّر، يِنَوَّر، تَنْوير | to light up, to enlighten |
| ظَلام | darkness |
| غَنَّى، يِغَنِّي، غُنى | to sing |

## التعليق

غنّت شادية الطقطوقة دي من كلمات صالح جودت وألحان محمد عبد الوهاب في فيلم "شرف البنت" بطولتها هيّ وعماد حمدي، سيناريو وحوار وإخراج حلمي رفلة، إنتاج سنة ١٩٥٤.

هنا نلاقي بنت بتعبّر بكل ما أُوتيت من بلاغة في إطار مرح عن حبّها لشخص مستعدة تضحي علشانه بأي حاجة حتى حياتها وبأي حد حتى أهلها، لكن هي خايفة بعد الحبّ ده كله يخونها في النّهاية، يخونها بمعنى إنّه يبعد عنها مش إنه يحبّ واحدة تانية غيرها (نظن الفكرة دي حتى ماخطرتش على بالها)، وبتقول إن حتى كلمة "أحبّك" بس بالنسبة لها زي دوا بتخفّف آلامها، هي حاسّة من كتر حبّها ليه إنها في حلم بس بتقولّه لو أنا كنت بحلم ماتصحّينيش من الحلم ده.

## ملاحظات

**لعمري ما + فعل ماضي:** ماعملتش كذا كذا أبدًا. زي: عمري ما شربت بيرة.

**عمري ما + فعل مضارع :** مش باعمل كذا كذا طول حياتي. زي: عمري ما بالعب كورة في الشّارع.

**عمري ما + فعل مضارع بدون "بـ" :** مش هاعمل كذا كذا أبدًا. زي: عمري ما أنام بره بيتي.

**عمري ما + فعل مستقبل :** مش هاعمل كذا كذا أبدًا. زي: عمري ما هاشرب سجاير تاني.

**أنا أجعل شبابي لحبّك هدية:** أنا أخلي شبابي هدية لحبك. فعل "أجعل" بيُستخدم في الفصحى أكتر.

**فؤادي:** قلبي. فؤاد وقلب وخاطر ومهجة مترادفات في العربية.

**أهلي وحبايبي يهونوا عليا:** أحس إني ممكن حتى أسيب أهلي وحبايبي عشانك. فعل "هان" بيُستخدم كتير وبيجي في سياقات زي: "أهون عليك تسيبني؟" يعني: عادي بالنسبة لك تسيبني؟ "تهون عليك الصداقة اللي بينا اللي بقى لها عشر سنين؟" يعني: إزاي عايز تسيب صداقة طويلة زي كده؟

**أرضى في غرامك:** غرام وحب وهوى وعشق مترادفات. يعني أقبل بِحبك.

**ما دام أبقى جنبك:** طالما هفضل جنبك. "ما دام" يعني "طالما" أو "طول ما،" وأحيانًا بتيجي بمعنى "عشان" أو "لإن" وبتعبر عن السّبب، زي "أنا هانام بقى ما دام إنت مش جاي،" و"أنا هحاول أشتري لك الجورنان ما دام إنت عايزه." وممكن تيجي بمعنى "إذا كان" زي "ما تدرس إنجليزي أكتر ما دام بتحبه قوي كده."

**حكايتي في غرامك دي كانت حكاية:** حكايتي معاك كانت جميلة قوي ورائعة. زي: "رحلة إسكندرية دي كانت رحلة!" الجملة دي ممكن تحمل معنى إيجابي أو سلبي، يعني ممكن الرحلة كانت وحشة قوي أو حلوة قوي، بيبان الفرق من نبرة وأسلوب المتكلّم. و"حكاية" حاجة جميلة جدًا زي: حمام السّباحة في النّادي ده حكاية!

**قريت بين عيونك:** شفت في عيونك. "عين" ممكن تيجي في الأغاني مفرد أو مثنى أو جمع.

**من الحب آية:** آية يعني علامة، وهي في القرآن جزء من السّورة.

**خايفة يا روحي تخونّي:** بعد خايف (اسم فاعل) فعل مضارع بدون "بـ" زي: "أنا نازل (عشان) أشتري حاجة،" "إنت رايح تلعب كورة دلوقتي؟" "وطي الراديو عشان بابا عايز ينام يا محمد،" "أنا طالع بره (عشان) أشمّ شويّة هوا."

**تخلف ظنوني:** تعمل غير ما افتكرت إنك هتعمله. ممكن برضه نقول: فلان خلف وعده/قسمه/المعاهدة.

**في آخر الرّواية:** رواية يعني قصّة أو حكاية.

**وأقول لك يا قلبك:** يعني "ياه قلبك ده قاسي قوي." يا + اسم + ضمير: أسلوب يتضح معناه من نبرة المتكلّم، فمثلًا: "يا بختك" يعني بختك أو حظك حلو قوي. يا + اسم: أسلوب ليه معاني كتير بنعبّر بيها عن مشاعر مختلفة زي: "يا ربّي" (للتعبير عن المفاجأة أو الصّدمة)، "يا لهوي" (للتّعبير عن الخوف أو الصّدمة أو الحيرة)، "يا ساتر" (السّاتر هو ربّنا وبُتستخدم زي يا ربّي أو يا ربّنا). "يا باي" (للتعبير عن الغضب أو الملل من شخص أو من حاجة).

**إذا كنت باحلم:** لو أنا باحلم دلوقتي.

**سيبني في منامي:** سيبني في حلمي. منام بمعنى حلم ومشتقّة من كلمة نوم.

**أغنّي في حبّك:** أغنّي عن حبّك.

# التدريبات

**١ - أسئلة الفهم والاستيعاب:**

أ لأي درجة بتحبّ المطربة حبيبها؟

ب إزاي وصفت المطربة الحبّ ده؟

ت إزاي بتحسّ المطربة بكلمة "أحبّك"؟

ث المطربة ممكن تضحّي بإيه عشان حبيبها؟

**٢ - وصّل الكلمة بعكسها:**

| | |
|---|---|
| أحبّك | نور |
| حياة | غايب |
| ظن | موت |
| ظلام | أكرهك |
| حاضر | يقين |

**٣ - كمّل الجمل دي بكلمات من عندك:**

أ عمري ما ______ تاني في الشارع.

ب ______ الفيلم ماكانتش حلوة، لكن بعد النُّص ساعة الأولى الفيلم سخن واحلوّ.

ت شفت امبارح في ______ حاجات تخوّف، كان كابوس فظيع.

ث أنا عايز أسافر بس مراتي وأولادي ما______وش عليا، ماقدرش أسيبهم لوحدهم.

ج باحبّ ______ عيني وأتخيّل الحاجات اللي نفسي أعملها في حياتي.

**٤ - استخرج من النّصّ:**

١٠ أفعال مضارعة بدون "بـ" - فعل مضارع باستخدام "بـ" - فعل ماضي

**٥ - اختار الإجابة الصحيحة من بين الأقواس:**

أ أحمد كان ........ النّهارده من المدرسة، ممكن يكون تعبان.
(غايب – شاطر – صاحي)

ب عمري ما ........ حد في حياتي.
(ضربت – ماضربتش – ضربتش)

ت سبت خطيبتي عشان مش عايزة ........ بأي حاجة علشاني.
(تضحّي – تتّصل – تلعب)

ث صاحبتي كل يوم ........ على أي غلط صغير باعمله ومش بتسامح بسهولة.
(تعاتبني – تحبني – تضحكني)

ج بابا عمره ما ........ وعده مع حد، دايمًا بينفذ كل كلمة بيقولها.
(خلف – كسر – غيّر)

ح على فكرة إنت مقتنع بكل كلامي بس إنت ........ .
(بتكابر – بتحارب – بتتخانق)

خ أنا ممكن أسافر معاك ........ إنت هتروح البلاد اللي أنا عايز أروحها.
(غير – ما دام – لكن)

د خايف ........ في التجربة اللي أنا مُقدِم عليها.
(أفشل – بفشل – هفشل)

ذ فيه ناس بتشوف في ........ حاجات كتير نفسها تعملها في الواقع.
(الأمل – المنام – الخطّة)

**٦ - حطّ الكلمات دي في جمل من عندك:**

ضحّى – كابر – عاتب – هان – غرام – رواية – حنان – آلام

**٧ - صحّح أو غيّر الكلمات اللي فوق الخطّ في الجمل دي:**

أ أنا ماتكلّمتش عليك خالص وإنت بتغيب.

ب المشكلة إن صاحبي هانت ليه العشرة الطويلة بينا.

ت حبّته جدًا لأنها شافت عنه كل حاجة كانت بتتمناها.

ث إذا هتكون في فرنسا اتّصل بيا.

ج امبارح وأنا نايم كنت حلمت بحاجات كتير غريبة.

ح	مش عايز أشغّل فلوسي في البورصة عشان خايف ضاعت.

خ	كانت بتزور دار الأيتام دايمًا وقبل ما تموت ضحّت بكل فلوسها عليهم.

**٨ - ناقش المدرّس وزملائك في موضوع الأغنيّة ووضّح رأيك في إذا كانت المغنّية بتبالغ في حبّها لحبيبها ولا لأ.**

١١

# ساكن قصادي

SOUNDCLOUD

YouTube

# ١١
## ساكن قصادي
## ١٩٦١

كلمات: حسين السّيد – ألحان: محمد عبد الوهاب – غناء: نجاة

ساكن قصادي وباحبّه ... وأتمنى أقابله
فكّرت أصارحه ... لكن أبدًا ماقدرش أقول له
وفضلت أستنى الأيام في معاد ما يسهر ومعاد ما يرجع
كل خطوة أرسم أحلام تكبر في قلبي والقلب يطمع
وأقول مسيره هيحسّ بيا لو يوم صادفني وسلّم عليا
هيلاقي صورته ساكنة في عينيا ويحسّ بيها في رعشة إيديا
كنت حاسّة إن حبّه كل مدى كان بيكبر
أبقى عايزة لو يكون لي قلب غير قلبي الصغيّر
فضلت آمالي مع الليالي تقرب حبيبي اللي ساكن قصادي وباحبّه
وفي يوم صحيت على صوت فرح بصيت من الشّبّاك
زينة وتهاني وناس كتير دايرين هنا وهناك
شاوروا لي بإيديهم وقالوا لي عقبالك
هلّلت م الفرحة وسألت ... قالوا جارك
حبيبي حبيبي اللي ساكن قصادي وباحبّه
رحت الفرح بالليل ورسمت في عينيا الفرحة
ساعة ما كان بيشيل بإيديه وبعينيه الطّرحة
شربت شرباتهم وأنا قاعدة باصّة لهم
لحد ما قاموا ومشيت أوصّلهم
حتّى الأمل ما بقاش من حقّي أفكّر فيه
بعد الليلة دي خلاص بقى غيري أولى بيه

وتهت وسط الزّحام ما حد حاسس بي
عايزة أجري وأرجع أتوه والنّاس يقولوا حاسبي
ناس في طريق النّور ما بين فرح وشموع
وأنا في طريق مهجور ومنوّراه الدّموع
ولقيتني فايتة من جنب بابه
لاهو داري بقلبي ولا باللي نابه
يا ويلي يا ويلي من طول غيابه
ويا ويل أيامي من جرح عذابه
عذاب الجرح اللي فاتهولي وسابه
ساكن في قلبي وساكن قصادي وباحبّه
حبيبي ساكن حبيبي ساكن قصادي وباحبّه

# المفردات

| | |
|---|---|
| residing | ساكِن |
| opposite | قُصاد |
| to love | حَبّ، يِحِبّ، حُبّ |
| to hope | اتْمَنى، يِتْمَنى، تَمَني |
| to meet | قابِل، يِقابِل، مُقابْلة |
| to think | فَكَّر، يِفَكَّر، تَفْكير |
| to confess | صارِح، يِصارِح، مُصارْحة |
| to be able to | قِدِر، يِقْدَر، قُدْرة |
| to say | قال، يِقول، قول |
| to keep (doing) | فَضَل، يِفْضَل |
| to wait for | سْتَنى، يِسْتَنى |
| a day | يوم |
| time, appointment | ميعاد ج. مَواعيد |
| to stay up at night | سِهِر، يِسْهَر، سَهَر |
| to come back | رِجِع، يِرْجَع، رُجوع |
| step | خَطْوة ج. خطوات |
| to draw, to plan | رَسَم، يِرْسِم، رَسْم |
| dream | حِلْم ج. أَحْلام |
| to grow | كِبِر، يِكْبَر، كُبْر |
| heart | قَلْب ج. قُلوب |
| to covet, to be greedy | طِمِع، يِطْمَع، طَمَع |
| to feel | حَسّ، يِحِسّ، إِحْساس |
| to meet by chance | صادِف، يِصادِف، مُصادْفة |
| to greet | سَلِّم، يِسَلِّم عَلى، تَسْليم |
| to find | لاقى، يِلاقي |
| image | صورة ج. صُوَر |

| | |
|---|---|
| eye | عين ج. عيُون (مؤنثة) |
| shiver, tremble | رَعْشة ج. رعشات |
| hand | إيد (مؤنثة) |
| to become | بَقى، يِبْقى |
| to want | عايِز ج. عايزين |
| small | صُغَيَّر ج. صغيرين |
| hope | أمَل ج. آمال |
| night | ليلة ج. لّيالي |
| to bring closer | قَرَّب، يِقَرَّب، تَقْريب |
| beloved, darling | حَبيب ج. أحباب/حَبايب |
| to wake up | صِحي، يِصْحى، صَحَيان |
| sound, voice | صوت ج. أصْوات |
| wedding party | فَرَح ج. أفْراح |
| to look | يِبُصّ، بَصّ |
| window | شِبّاك ج. شِبابيك |
| decoration | زينة |
| congratulation | تَهْنِئة ج. تَهاني |
| many | كِتير |
| moving around | دايِر ج. دايرين |
| here and there | هِنا وهِناك |
| to wave at, to signal | شاوِر، يِشاوِر، مُشاوْرة |
| to cheer with joy | هَلِّل مِن الفَرْحة |
| to ask | سَأل، يِسْأل، سُؤال |
| neighbor | جار ج. جيران |
| to go | راح، يِروح، مِرْواح |
| night | ليل |
| when | ساعة ما |
| to remove, to carry | شال، يِشيل، شيل |

| | |
|---|---|
| طَرْحة ج. طُرَح | veil |
| شرِب، يِشْرَب، شُرْب | to drink |
| شَرْبات | sherbet |
| قاعِد ج. قاعدين | sitting |
| لَحَد | until |
| قام، يِقوم، قَوَمان | to get up |
| مشي، يِمْشي، مَشْي | to walk |
| وَصَّل، يِوَصَّل، تَوْصيل | to escort |
| حَقّ ج. حُقوق | right |
| فَكَّر، يِفَكَّر، تَفْكير | to think |
| تاه، يِتوه، تَوَهان | to be lost |
| وِسْط | amid |
| زِحام | crowd |
| جِري، يِجْري، جَرْي | to run |
| حاسب، يِحاسب | to watch out |
| طَريق ج. طُرُق | way |
| نور ج. أَنْوار | light |
| شَمْعة ج. شُموع | candle |
| مَهْجور | deserted |
| دَمْعة ج. دُموع | tear |
| فات، يِفوت | to pass by, to leave |
| ناب، يِنوب | to befall, to happen to |
| طول | length |
| غياب | absence |
| جَرْح ج. جِراح | wound |
| عَذاب | torture |

## التعليق

غنّت المطربة نجاة قصيدة "ساكن قصادي" من كلمات حسين السّيد وألحان الموسيقار محمد عبد الوهاب سنة ١٩٦١. كتب حسين السّيد أغاني كتير موضوعها قصّة أو موقف طويل، وده دليل على براعته في نظم الشّعر وتوظيف الكلمات وحسن اختيارها وتطويعها للغرض اللي بيكتب علشانه. والأغنية دي بتحكي لنا قصّة.

بيحكي الشّاعر عن قصّة حبّ بنت لجارها الشّابّ، اللي بسبب التّقاليد المصريّة المحافظة ماقدرتش تلمّح له عن الحبّ ده ولا حتّى تطلب مقابلته، فكانت بتراقبه من الشّبّاك في السّرّ على ما يبدو، وتمنت إن ييجي اليوم اللي يحسّ فيه الولد بحبّها ليه، لو قابلها صدفة مثلًا وسلّم عليها. وفضل حبّها ليه يكبر ويكبر لدرجة إنها حسّت إن قلبها الصغير مايقدرش يساع الحبّ ده. ومع زيادة حبّها ليه كان أملها بيزيد في الارتباط بيه، وفي يوم صحيت من النّوم لقت النّاس حاطّة زينة وبيحضروا لفرح في الشّارع اللي ساكنة فيه، فسألت النّاس عن أصحاب الفرح، فلقت إن العريس هو جارها اللي بتحبّه. ورغم زعلها وصدمتها بعد الحدث الغير متوقع منها ده راحت الفرح ومشيت في زفّة العروسين، لكن كانت حاسّة إنها دايخة وإنها فقدت أي أمل في الارتباط بالشّابّ ده.

بتعرض القصّة تجربة واقعيّة لبنت ساكنة في حي شعبي (لأن في أحياء الأثرياء مابتتعملش الأفراح في الشّارع)، والقصّة دي ممكن تكون حصلت آلاف المرّات في الزّمن ده، فالتّقاليد المصريّة المحافظة كانت تحَتِّم على البنت إنّها ماتبوحش بحبّها لشابّ خصوصًا قدام الشّابّ نفسه. ممكن اتغيّر الوضع شويّة دلوقتي بعد ما زاد عدد الطّالبات في الجامعات لدرجة مساوية لعدد الطّلاب تقريبًا، وبقى التّصريح بالحبّ حاجة ماحدش بيخجل منها زي زمان.

## ملاحظات

**فكّرت أصارحه لكن أبدًا ماقدرش أقوله:** فكّرت أعترف له بحبّي ليه لكن ماقدرتش. في زمن الأغنية دي كان شبه مستحيل إن بنت تقول لولد إنها بتحبّه قبل ما هو يصرّح بالحبّ ده.

**أرسم أحلام:** العرب والمصريين بيحبّوا جدًا استخدام الصور المجازيّة للكلمات حتى في الكلام العادي. فالنّاس بتتخيّل الأحلام والطموحات كأنها لوحات بتترسم. ممكن تلاقي حد يقول أنا رسمت لنفسي أحلام كتير نفسي أحقّقها.

**كل مدى كان بيكبر:** كل فترة بيكبر، بيكبر مع مرور الوقت، كلمة "مدى" شائعة في العامية.

**وفي يوم صحيت على صوت فرح:** من عادة المصريين في المناطق الشعبية إنهم يعملوا الأفراح في الشّارع، لحد دلوقتي النّاس بتعمل كده.

**عقبالك:** يعني أتمنّى نفس الحدث ده يحصل لك وهي كلمة معناها جميل جدًا وتُستخدم في التّهاني بين النّاس في الأفراح والنّجاح في المدرسة أو العمل ومع كل مواقف الحياة.

**بيشيل بإيديه وعينيه الطرحة:** عادة شائعة جدًا في الأفراح إن العريس يشيل الطّرحة من على وشّ حبيبته كأنّه بيشوفها لأول مرّة، وفيه ناس كتير بتاخد صورة في الموقف ده، لكن الشّاعر زوّد على كلمة "إيديه" كلمة "عينيه" كأنه بيشيل بعينيه الطّرحة وهي صورة جميلة لتصوير الفعل ده، لأنّ العريس بيكون شغوف جدًا إنّه يشوف عروسته في كامل زينتها أثناء الفرح.

**يا ويلي:** كلمة بتقولها النّاس كتير في المصايب والأحزان الشّديدة.

# التدريبات

**١ - أسئلة الفهم والاستيعاب:**

أ إيه موضوع الأغنية؟

ب كانت البنت بتتمنى إيه؟

ت عملت إيه البنت لما عرفت إن فرح حبيبها النهارده؟

ث كانت حاسّة بإيه وهي في الفرح؟

ج كنت تعمل إيه لو كنت مكان البنت دي؟

**٢ - وصّل الكلمة بعكسها:**

| | |
|---|---|
| قام | وقف |
| مشي | حزن |
| فرح | قعد |
| أمل | نام |
| صحي | يأس |

**٣ - كمّل الجمل دي بكلمات من عندك:**

أ ما_____ش لو عايز تصحى بدري.

ب _____ حبيبي مش بتفارق خيالي، دايمًا بتيجي على بالي.

ت النّاس بيعلّقوا _____ في رمضان.

ث مافيش حد _____ قصادي عشان قصادي جبل.

ج المصريين بيشربوا _____ في الفرح.

**٤ - استخرج من النّصّ:**

٥ أسماء فاعل - اسم مفعول - ٥ أفعال مضارعة بدون "بـ" - ٤ أسماء جمع - فعل أمر

٥ - اختار الإجابة الصحيحة من بين الأقواس:

أ   أنا باحبّ _____ أحلامي على مهلي.

(أقول – أرسم – أدرس)

ب   امبارح _____ على صوت موسيقى عالي قوي.

(صحيت – نمت – فكّرت)

ت   رجعت البيت متأخّر جدًا، بس بابا كان نايم _____ بيا.

(ماصحيش – ماقامش – مادريش)

ث   يا _____ لو كان الباسبور ضاع مني.

(ويلي – ليلي – عيني)

ج   اللي ساكن قصادي يبقى _____ .

(جاري – قريبي – حبيبي)

٦ - صحّح أو غيّر الكلمات اللي فوق الخطّ في الجمل دي:

أ   فضلت باستنّى صاحبي ساعة لما ماجاش روّحت.

ب   في زحمة في كل مكان والنّاس واقفة هنا وبعيد.

ت   رحت فرح واحد صاحبي إمبارح في الليل.

ث   أختى من ساعة ما اشتغلت ماكانتش فاضية خالص عشان أشوفها وأقعد معاها زي زمان.

ج   يا ويلي على اللي هاشوفه في البلد دي لو سافرت لها ومش معايا فلوس.

ح   مسير كل إنسان قابل الشّخص اللي بيحبّه ويتمنى يكون شريك حياته.

٧ - ناقش مع المدرّس والطّلبة زمايلك قصّة حبّ المطربة واشرح تعمل إيه لو كنت مكانها.

١٢

حبيبي إنت يا فليسوف

ماكانش
لازم ادرس
فلسفة

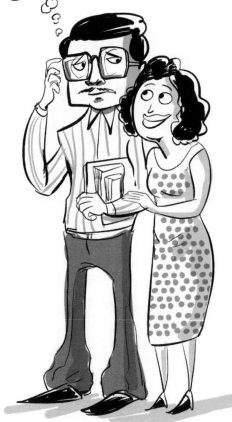

# ١٢
# حبيبي إنت يا فليسوف
# ١٩٧٩

كلمات: صلاح جاهين – ألحان: كمال الطويل – غناء: سعاد حسني

هيّ: حبيبي إنت يا فليسوف
يابو نضّارات عينهم مني
ماقدرش أحبّك يادي الكسوف
إلا لّما قبلة تعلّمني
علّمني علّمني علّمني علّمني
هوّ: أعلّمك إيه يا بهيّة
يا زهرة بريّة
عمر الزّهور ما حد علّمها
فنّ الألوان دي لوحدها
هيّ ساحرانا بجمالها الفتّان
هيّ: السّحر يبطل مفعوله
بالوقت زي ما بيقولوا
والشّمس تشوي كلام الليل
وكله يرجع لأصوله
علّمني علشان لّما يزول الحلم
ماترجعش تقول
أنا أحبّ ديا مش معقول؟!
لكن لو أتعلّم شتّان
إنت فاهمني طب علّمني
علّمني كل اللي قريته

وعلى الرّفوف دي رصيته
لا مؤاخذة سور بيني وبينك
لو أعرفه أبقى نهيته
أبقى عبرت وبقيت وياك
أشرّفك قدّام زملاك
وأعيش معاك في جمال دنياك
وقلبي يبني هناك بيته
إنت فاهمني طب علّمني
يا سلام يا سلام
يا سلام محلى العلام
البغبغان سمع الكلام
بقى ترجمان آخر تمام
شخص: يا سلام يا سلام
هوّ: وفي الامتحان
المرء يُكرم أو يُهان
وزهرتي البرية اللي اسمها بهية
نجحت جابت امتياز
وآدي الشّهادة أهيا
هيّ: حبيبي إنت يا فليسوف
يابو نضّارات عينهم مني
أنا باحبّك من غير كسوف
وتعيش كمان وتعلّمني
علّمني علّمني علّمني علّمني

# المفردات

| | |
|---|---|
| حَبيب ج. أحباب/حَبايِب | beloved, darling |
| فَيلسوف ج. فَلاسْفة | philosopher |
| نَضّارة ج. نضارات | glasses |
| قِدِر، يِقْدَر، قُدرة | to be able to |
| كُسوف | shame |
| قَبْلة | before |
| عَلِّم، يِعَلِّم، تَعْليم | to teach |
| زَهْرة ج. زهرات | flower |
| فَنّ ج. فُنون | art |
| لون ج. أَلْوان | color |
| لِوَحْدُه | alone, by itself/oneself |
| سَحَر، يِسْحِر، سِحْر | to fascinate |
| جَمال | beauty |
| فَتّان/ة | fascination, magic |
| بِطِل، يِبْطَل | to be null |
| مَفْعول | effect |
| قال، يِقول، قول | to say |
| شَمْس ج. شُموس (مؤنثة) | the sun |
| شَوى، يِشْوي، شَوْي | to grill, roast |
| كَلام | talk |
| ليل | night |
| رِجِع، يِرْجَع، رُجوع | to return |
| أَصْل ج. أصول | origin |
| زال، يُزول، زَوال | to be over |
| مَعْقول/ة | reasonable |

| | |
|---|---|
| great difference | شَتَّان |
| to understand | فِهِم، يِفْهَم، فِهْم |
| then | طَب |
| to read | قَرا، يِقْرا، قِراية |
| shelf | رَفّ ج. رفوف |
| to align | رَصّ، يُرُصّ، رَصّ |
| excuse me | لا مُؤاخْذة |
| wall | سور ج. أسْوار |
| between me and you | بيني وبينَك |
| to know | عِرِف، يِعْرَف، مَعْرِفة |
| to finish | نَهى، يِنهي |
| to cross | عَبَر، يُعْبُر، عُبور |
| with | ويا |
| to honor | شَرَّف، يِشَرَّف، تَشْريف |
| in front of, before | قُدّام |
| colleague | زِميل ج. زُمَلا |
| to live | عاش، يِعيش، عيشة |
| world | دُنيا |
| to build | بَنى، يِبْني، بُنا |
| house, home | بيت ج. بُيوت |
| knowledge | عَلام |
| parrot | بَغْبَغان ج. بغبغانات |
| to listen, obey | سِمِع، يِسْمَع، سَمَع |
| to become | بَقى، يِبْقى |
| translator | تُرْجُمان |
| excellent | آخِر تَمام |
| exam | امْتِحان ج. امتحانات |
| man, person | مَرْء |

| | |
|---|---|
| أَكْرم، يِكْرِم، إكْرام | to dignify |
| أهان، يِهين، إهانة | to despise |
| بَرّي/ة | wild |
| نَجَح، يِنْجَح، نَجاح | to succeed |
| شِهادة ج. شهادات | certificate |

## التعليق

قلنا قبل كده إن بطل الفيلم ده هيحاول يثقّف حبيبته بتعليمها القراءة والكتابة وفنّ الآداب العامة (الإتيكيت) والثّقافة بشكل عام. الفكرة دي قديمة جدًا ترجع لعصر الأساطير اليونانية، فنلاقي نفس التّيمة دي (المتاخدة من أسطورة "بيجماليون" Pygmalion Πυγμαλίων اليونانية) في أعمال أدبية كتيرة ومشهورة زي المسرحيّة الإنجليزية "بيجماليون" لجورج برنارد شو George Bernard Shaw، والمسرحيّة العربيّة "بيجماليون" لتوفيق الحكيم، والمسرحية الكوميدية المصرية "سيدتي الجميلة" اقتباس سمير خفاجي وبهجت قمر بطولة فؤاد المهندس وشويكار. كل الأعمال دي بيجمعها فكرة الراجل المثقف اللي بيقابل بنت جميلة جدًا لكن فقيرة ساذجة وبسيطة مامرّتش بتجربة التّعليم وبالتالي ماتحضّرتش وممكن تكون بتشتغل رقّاصة أو فنّانة في مولد أو مغنّية أو حرامية، وبتكون عادة غير مؤدبة أو غير لبقة. لكن بعد ما يعلّمها الراجل أسلوب الحياة الراقي، تتحول البنت للنّقيض، فتبقى بنت مهذبة لبقة مثقفة ومافقدتش جمالها في نفس الوقت. وده الحلم الكلاسيكي للراجل عن المرأة في العصر القديم زي ما صوّره الأدب، أو بالأحرى هوّ صورة نمطيّة عن البنت غير المتعلّمة لكن الجميلة جدًا.

من هنا نقدر نفهم موضوع أغنية "حبيبي إنت يا فيلسوف" من كلمات الشّاعر العبقري صلاح جاهين، اللي جسّد الصّورة الذّهنيّة السّابقة في كلمات فعلًا معبّرة غنّتها سعاد حسني بمنتهى الاقتدار والبراعة وبحسّ فني عالي يَنُمّ عن تقمصها الاحترافي لشخصية البنت السّاذجة البسيطة والموهوبة في نفس الوقت.

## ملاحظات

**يابو نضارات عينهم مني:** يعني عينيه دايمًا بتبصّ عليها، دليل على حبّه ليها.

**يادي الكسوف:** أنا فعلًا مكسوفة وزعلانة. كلمة " يادي " كلمة ريفية بتتقال بس في المواقف غير الرسمية، تناسب شخصية البطلة. في ناس بتقول "يادي القرف!" و "يادي النحس!" يعني "إيه القرف ده!" و "إيه النحس ده!" دليل على الغضب أو الزعل.

**لّما قبلة تعلّمني:** قبلة يعني أولًا، لازم تعلّمني أولًا أو قبل كده.

**أعلمك إيه يا بهية:** بهية هو اسم البنت أو البطلة. والسؤال استنكاري، زي حد يقول لك "ممكن تنام لو عايز" وإنت تقول له "أنام إيه؟! أنا مش عايز أنام دلوقتي، ورايا شغل كتير."

**زهرة بريّة:** تشبيه جميل ومعبّر يدلّ على إنّها جميلة وجذابة بدون تعليم وإنّها غير متحضّرة.

**زي ما بيقولوا:** الفعل في صيغة الجمع بدون فاعل يقصد الناس.

**الشّمس تشوي كلام الليل:** كلام الليل هو الكلام والوعود اللي بتقولها الناس عادي بالليل وماتنفّذهاش تاني يوم في الحقيقة. وتعبير "الشّمس تشوي" مستوحى من المثل الشّائع "كلام الليل مدهون بزبدة تطلع عليه الشّمس يسيح."

**لما يزول الحلم:** يزول كلمة فصحى. وخلط العامية بالفصحى شائع في الشّعر وحتّى في الكلام العادي، لأن العامية ماتقدرش تعبّر عن كل حاجة، فهيّ حتّى وقتنا الحالي لغة محدودة وقاصرة إلى حد ما بالمقارنة بالعربية الفصحى.

**أنا أحب ديا:** أنا أحب دي؟ سؤال استنكاري. وكلمة "ديا" أو "ديّة" بتُستخدم أحيانًا بدل "دي" وكلمة "دوّت" بدل "ده."

**لا مؤاخذة:** بعض النّاس دلوقتي بيعتبروا الكلمة دي قديمة ومش شيك وبيستخدموا بدلها "آسف/ة" أو كلمة "sorry" الإنجليزية.

**ترجمان:** مترجم. دليل على إنها بقت مثقّفة وبتعرف لغات أجنبية.

**آخر تمام:** كويس جدًا ورائع.

**يا سلام:** تعبير المصريين بيقولوه لمّا بيشوفوا حاجة حلوة قوي، أو لمّا بيتعجبوا من حاجة، وأحيانًا بيستخدم للسّخرية من جملة أو تصريح، بس بنبرة مختلفة. زي:

- أنا أعرف أمشي على الحبل. – يا سلام! (للتعجب أو السخرية)
- خلي بالك المياه الغازية ضارة جدًا لصحتك. – يا سلام، ليه بقى؟ (هنا للاندهاش وعدم التصديق)

**في الامتحان المرء يُكرم أو يُهان:** حكمة عربية تقصد إن في الامتحان الإنسان يا ينجح ويُكرم يا يسقط ويُهان.

# التدريبات

**١ - أسئلة الفهم والاستيعاب:**

أ إزاي البنت شايفة حبيبها؟

ب البنت عايزة إيه منه؟ وليه؟

ت هو إيه رأيه فيها؟

ث وإزاي هيّ ردّت عليه لما قال لها إنها مش محتاجة تتعلّم؟

ج إيه اللي حصل لما اتعلّمت؟

**٢ - وصّل الكلمة بعكسها:**

| | |
|---|---|
| كسوف | حقيقة |
| حلم | جهل |
| معرف | شجاعة |
| جمال | وحاشة |
| سلام | حرب |

**٣ - كمّل الجمل دي بكلمات من عندك:**

أ سقراط وأفلاطون وأرسطو ______ يونانيين.

ب النّاس ممكن تقلي أو ______ السّمك قبل الأكل.

ت بابا هو اللي ______ إنجليزي عشان هو نفسه مدرس إنجليزي.

ث لو المصري ______ البحر المتوسّط هيبقى في تركيا.

ج لو حد قال كلام ومانفّذوش بنقول ده زي كلام ______.

**٤ - استخرج من النّصّ:**

كل الأفعال المضارعة بدون "بـ" واذكر أسباب عدم استخدامها.

٥ - اختار الإجابة الصحيحة من بين الأقواس:

أ     ———— بين العربي والهندي.

    (شتّان – سهران – فرحان)

ب   باحبّ أحطّ كل كتبي على ———— المكتبة.

    (صفوف – رفوف – حروف)

ت   مش دايمًا ———— كويس.

    (الخروف – الجاروف – الكسوف)

ث   في الامتحان المرء يكرم أو ———— .

    (يقال – يهان – يزاح)

ج   ———— بيعرف يقلّد الإنسان.

    (الحمام – البوم – البغبغان)


٦ - ناقش مع المدرّس رأيك في فكرة الأغنية والفيديو بتاعها كمان.

# ١٣

## إيديا في جيوبي

SOUNDCLOUD

YouTube

# ١٣
## إيديا في جيوبي
## ٢٠٠٥

كلمات: صلاح جاهين – ألحان: وجيه عزيز- غناء: محمد منير

إيديا في جيوبي وقلبي طرب
سارح في غربة بس مش مغترب
وحدي لكن ونسان وماشي كدا
بابتعد ماعرفش أو باقترب

# المفردات

| | |
|---|---|
| جيب ج. جِيوب | pocket |
| طِرِب | rapt, gleeful |
| سَرَح، يِسْرَح، سَرَحان | to wander |
| غُرْبة | alienation, forlornness |
| مِغْتِرِب/ة | alienated, forlorn |
| وَحْدي | alone |
| وَنْسان | amused |
| ابْتَعَد، يِبْتِعد، ابْتِعاد | to move away |
| اِقْتَرَب، يِقْتِرِب، اِقْتِراب | to come close |

## التعليق

غنّى المطرب المعاصر محمد منير الأغنية دي سنة ٢٠٠٥ في ألبوم "إمبارح كان عمري عشرين" من كلمات صلاح جاهين، اللي كتب كل أعماله بالعامية المصرية مما ساعد على شهرته الكبيرة في الشّارع المصري، واشتهر عمله "الرّباعيات" اللي بيعبّر فيها عن خلاصة أفكاره الفلسفية في وحدات من أربع أبيات زي الأغنية دي.

بيكلّمنا الشّاعر عن نفسه ببساطة ووضوح وباختصار شديد، لكن مع إعطاء الصّورة الذّهنية الكاملة اللي عايز يوصّلها لنا. بيقول إنه بيمشي وهو حاطط إيده في جيبه، ممكن دليل على الاعتزاز بالنفس وسعادته في وحدته. هو عارف إنه مش زي النّاس وغريب عنهم لكن هو مش حاسس باغتراب، ممكن عشان بيشعر بانتماء للمجتمع اللي عايش فيه أو لأنه هو بيعتبر نفسه محور حياته فمش ممكن يحس باغتراب. هو لوحده لكن حاسس بالونس اللي فيه أشخاص أصلًا مش بتحسّ بيه وهيَّ مع النّاس، وهو مش عارف هو بكده بيبعد أكتر ولا بيقرب أكتر من المجتمع أو من نفسه.

## ملاحظات

**إيديا في جيوبي وقلبي طرب:** دليل على العزة والكبرياء والاعتزاز بالذاتز طِرِب يعني سعيد فرحان.

**سارح في غربة بس مش مغترب:** "سارح" يعني مشغول بالتفكير، و"سارح في غربة" يعني وحيد وبعيد جدًا عن النّاس ومنعزل عنهم وباله مشغول في حياته الخاصة. و"بس مش مغترب" يعني هو عارف إنه عايش لوحده بعيد عن الناس ومتعمق في وحدته بس مش حاسس باغتراب ومش حاسس بوحشة ولا بملل، لإنه مبسوط في وحدته وانفراده بنفسه وبعده عن الناس، عايش عالمه الخاص وسعيد فيه.

**وحدي لكن ونسان وماشي كدا:** رغم إنه وحده لكن هو مش حاسس بوحشة.

**بابتعد ماعرفش أو باقترب:** هو مش عارف إذا بطريقة حياته دي بيقرّب بعالمه لعالم النّاس والمجتمع ولّا بيبعد أكتر. كلمة "باقترب" مش شائع استخدامها في العامية.

# التدريبات

## ١ - أسئلة الفهم والاستيعاب:

أ   اوصف حال الشّاعر.

ب   الشّاعر مبسوط في حياته ولّا لا؟ وإيه الدّليل؟

## ٢ - حطّ الكلمات دي في جمل من عندك:

غربة – مغترب – سارح – ونسان

## ٣ - استخرج من النّصّ:

٣ أسماء فاعل – فعلين مضارعين باستخدام "بـ" – صفتين

## ٤ - اذكر ٨ صفات على نفس وزن "ونسان" واشرح ليه بتنتهي كلها بمقطع /ان/.

## ٥ - ناقش مع المدرّس رأيك في فكرة الأغنية والفيديو بتاعها كمان.

# ١٤

## أكتر من روحي بحبّك

SOUNDCLOUD

YouTube

ولا كل لغات الدنيا
تقدر عن حبي تعبر

# ١٤
# أكتر من روحي باحبّك
# ١٩٨٨

كلمات: عبد الوهاب محمد – ألحان: عمّار الشّريعي – غناء: لطيفة

أكتر من روحي بَاحبّك بحقيقي بَاحبّك أكتر
وشُعوري بِاحبّك أكبر من إنه بشيء يتقدّر
ولا كل لغات الدّنيا تقدر عن حبّي تعبّر
وغنايا بكلمة أحبّك أكتر من روحي بَحبّك
بالنّسبة لدرجة حبّك رمز صغيّر مش أكتر
أكتر من روحي باحبّك
وتصوّر حبّ الأزهار لربيعها ييجي يزوّق ويعطّر
حبّ الأشجار لفروعها للندى في الصّبح يقطّر
حبّ الأطيار في عششها لصغارها لحد ما تكبر
حبّ الفراشات طيرانها على لمحة نور بتنوّر
وتصوّر كل ده كله تلاقيني باحبّك أكتر
أكتر من روحي باحبّك
وتصوّر حبّ الشّاعر للمعنى، حبّ الرّسّام للمنظر
حبّ الكروان للمغنى بالليل لوليف مستنظر
وتصوّر حبّ السّهران للنّجمة ونسه على قد ما يسهر
حبّ الحرّان للنّسمة ف الصّيف والجو محرّر
وتصوّر كل ده كله تلاقيني باحبّك أكتر
أكتر من روحي باحبّك
وتصوّر حبّ المخلص لحبيبه اللي ولا بإيه يتغيّر
حبّ المؤمن لنصيبه للقسمة والمتقدّر

وتصوّر حبّ الإنسان لوجوده لو حسّ بعمره بيقصر

حبّ الشّبان لأملها، حبّ الأطفال للسّكر

وتصوّر كل ده كله تلاقيني باحبّك أكتر

أكتر من روحي باحبّك

# المفردات

| | |
|---|---|
| really | بِحَقيقي |
| feeling | شُعور |
| to estimate, to esteem | قَدَّر، يقَدِّر، تَقْدير |
| sign, symbol | رَمْز ج. رُموز |
| to imagine | تَصَوَّر، يتْصَوَّر، تَصْوّر |
| to adorn | زَوَّق، يزَوِّق، تَزْويق |
| to scent | عَطَّر، يعَطِّر، تَعْطير |
| dew | نَدى |
| to drip | قَطَّر، يقَطِّر، تَقْطير |
| nest | عِشّ ج. عشَش |
| to grow up | كِبِر، يِكْبَر، كُبْر |
| butterfly | فَرْاشة ج. فراشات |
| glance | لَمْحة |
| curlew | كَرَوان ج. طيور الكروان |
| mate | وَليف |
| waiting | مِسْتَنْظَر ج. مِسْتَنْظَرين |
| staying up late | سَهْران ج. سَهْرانين |
| companionship, company | وَنَس |
| breeze | نسْمة ج. نسمات |
| faithful | مُخْلِص ج. مُخْلِصين |
| fate, portion | نَصيب |
| to sing | غَنّى، يِغَنّي، غُنى |
| flower | زَهْرة ج. أَزْهار |
| poet | شاعِر ج. شُعَراء |
| meaning | مَعْنى ج. مَعاني |

| | |
|---|---|
| طير ج. أَطْيار | bird |
| صُغَيَّر/ة ج. صِغار، صُغار | little, small |
| قِسْمة | fate |
| مِتْقَدَّر | destined |
| لاقى، يِلاقي | to find |
| جَو محَرَّر | hot weather |
| وُجود | existence |
| طار، يِطير، طَيَران | to fly |
| فَرْع ج. فُروع | branch |
| رَسّام ج. رسامين | painter |
| مَنْظَر ج. مَناظر | view |
| نِجْمة ج. نُجوم | star |

## التعليق

الأغنيّة مفعمة بالتّعبيرات الرومانسيّة شديدة الإيحاء والمجسّدة لمظاهر الطّبيعة وده يدلّ على تأثّر الشّاعر بالطّبيعة وولعه بيها، ففي أغنية واحدة تقابلنا جمل زي: حبّ الأزهار لربيعها، حبّ الأشجار لفروعها، حبّ الأطيار لصغارها، حبّ الفراشات طيرانها، حبّ الشّاعر للمعنى، حبّ الرّسّام للمنظر، حبّ الكروان للمغنى، حبّ السّهران للنّجمة، حبّ الحرّان للنّسمة. ونلاحظ في جملة "حب السهران للنّجمة ونسه على قد ما يسهر" إشارة لاتخاذ الإنسان من إحدى موجودات الطبيعة ونيس دون رفاقه من البشر. وكمان في جملة "حب الحرّان للنّسمة في الصّيف والجو محرّر" يبان الإنسان كأنه أسير تقلبات الطّبيعة وكأنها هي الكائن الوحيد المتفاعل معاه، فدرجة الحرارة العالية في الصّيف تسبّب ضيق الإنسان لكن الحلّ برده يكمن في الطبيعة وهو عبور نسمة تخفّف عنه الحرارة دي، الطّبيعة زي ما هو واضح في القصيدة هيّ سبب ضيق الإنسان وهي سبب راحته كمان.

والأغنية بتداعب مشاعر الإنسان وبتخاطب عقله ووجدانه مع بعض، التّشبيهات كتيرة جدًا وكلمة حبّ والكلمات المشتقة منها اتكرّرت ٢٨ مرّة، الأغنية تقدر تثير خيالك بأعلى درجة وتسلب تفكيرك لوهلة، وتخلّيك تفكّر في عالم بعيد عن روتين الحياة اليومي.

كمان الأغنية بتتكلّم عن أشياء إنسانيّة عامة بطريقة غير مباشرة، فالمطربة بتقول إن كل لغات العالم ماتقدرش تعبّر عن حبّها في إشارة خفية لكون لغات الإنسان ومنجزه العظيم من زمن طويل جدًا لسّه ماتقدرش تعبّر عن كل مشاعر وأفكار الإنسان. جملة "حبّ الإنسان لوجوده لو حسّ بعمره بيقصر" فيها إشارة واضحة لغريزة البقاء عند الإنسان والحيوان اللي بتخلّيه يتمسّك بوجوده في الحياة حتّى ولو كان بيعاني أشدّ المعاناة.

موسيقى عمّار الشّريعي كانت رومانسية جدًا على مستوى رومانسية الكلمات، استخدمها الموسيقار أكتر من مرّة لشدّة إعجابه بيها، فهي موسيقى تتر مسلسل "الرّاية البيضا،" والموسيقى التصويرية لفيلم "الجلسة سرّيّة."

## التدريبات

**١ - أسئلة الفهم والاستيعاب:**

أ الشّاعر بيحبّ الطّبيعة جدًا. اشرح إزاي ظهر ده في الأغنية.

ب إزاي وصف الشّاعر حبّه لحبيبته؟

ت إيه علاقة اللغات بحبّ الشّاعر؟

ث إزاي شايف الشّاعر غُناه بكلمة " أحبّك "؟

**٢ - وصّل الكلمة بمرادفها:**

| | |
|---|---|
| حبّ | عالم |
| شعور | إحساس |
| دنيا | أطيار |
| تصور | زهور |
| طيور | تخيل |
| أزهار | عشق |

**٣ - كمّل الجمل دي بكلمات من عندك:**

أ دوناتيلو ومايكل أنجلو ورفايلو ______ إيطاليين.

ب شكسبير كاتب مسرحي و ______ إنجليزي مشهور.

ت الطّيور بتبني لنفسها ______ تنام فيها.

ث زوج الطّير أو مراته بنقول عليه ______

ج الصّبح بينزل ______ على أوراق الشّجر وأجسام العربيات.

**٤ - استخرج من النّصّ:**

الأسماء المعنوية – الأسماء المادية – أسماء الكائنات الحية – أسماء الجمادات

**٥ - اختار الإجابة الصحيحة من بين الأقواس**

أ  فيه ناس بتحب ______ أكتر حاجة في الدنيا.
(الغنى - المنى - الدّنى)

ب  **جمع كلمة زهرة** ______.
(زهور - أزهار - زهرات - كل ما سبق)

ت  الجو بيكون ______ في الصيف.
(محرّر - حرّان - حُر)

ث  أنا كنت ______ إمبارح بعدّ النجوم.
(حرّان - سهران - بردان)

ج  سافروا على طيارة مصر ______.
(للملاحة - للسفر - للطيران)

**٦ - حطّ الكلمات دي في جمل من عندك:**

روح - فروع - صغار - نسمة - مخلص - مؤمن - متقدّر

**٧ - ناقش المدرّس في تعبيرات الشّاعر، ووضّح إذا كان بيبالغ ولّا لأ ورأيك في الشّعر الرّومانسي.**

**٨ - دوّر على الإنترنت عن سبب تسمية الأدب اللي بيتناول موضوع الحبّ بالأدب الرّومانسي.**

١٥

# قالت لي بكرة

انا بقالى اسبوع مستني
ايه بقى؟

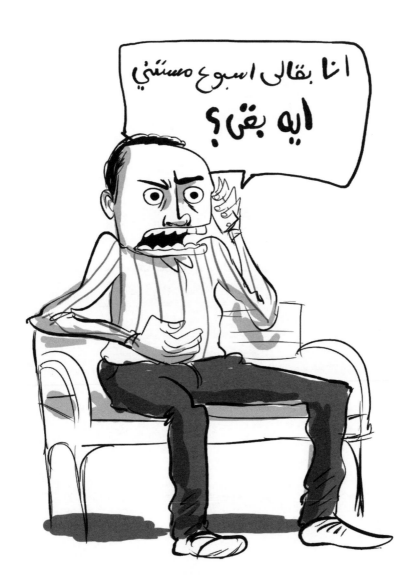

# ١٥
# قالت لي بكرة
# ١٩٦١

كلمات: حسين السّيد – ألحان وغناء: فريد الأطرش

قالت لي بكرة ... وآدي إحنا بكرة
لو صدقت تبقى مش بايعاني
لو خلفت مش هاقول ناسياني
هاقول بكرة هوّ اللي ماجاشِ
وهاستنّي ليه ما استناشِ لحد بكرة
وليه الحيرة بتسبّق في قلبي وفايتة بتمسّي
حرام يعني الأمل يشفق عليا مرة من نفسي
ولّا يعني كتير عليّا فرحتي الحلوة اللي جاية
مش جايز تُصدق وتيجيني
وتكدّب خوفي اللي ماليني
طلعت يا فجر بدري
مش كنت تستنّى فجري؟
كان بدّي تستنّى شويّة وأعرّفك بيها
وتشوف الفجر على أصله
في خدودها وعينيها
لو شفتها وعرفتها
حسنك يتوه فيها
زمانها جاية كمان شويّة
لو حتّى غابت سنة عليّا
زمانها جاية كمان شويّة
ده وعد منها ومنها هيّ

# المفردات

| | |
|---|---|
| صَدَق، يُصْدُق | to be true to one's words |
| خَلَف، يِخْلف | to break one›s promise |
| اِسْتَنّى، يِسْتَنَّى | to wait |
| سَبّق، يِسَبّق | to precede |
| مَسَّى، يِمَسّي | to say "good evening" |
| حَرام | forbidden |
| شَفَق، يِشْفَق، شفقة | to feel pity for |
| من نِفْسي | for once (lit. as I wish) |
| جايز | possible |
| كَدِّب، يِكَدِّب | to disprove |
| مَلى، يِمْلي، مَلْو | to fill |
| الفَجْر على أَصْله | the real dawn |
| وَعْد ج. وُعود | promise |
| كان بدّي | I wished |
| باع، يبيع، بيع | to sell |
| فات، يفوت | to pass |
| خوف | fear |
| زمانه جاي | he's about to come |
| خَدّ ج. خُدود | cheek |
| غاب، يغيب، غياب | to be absent |

## التعليق

غنّى فريد الأطرش الأغنية دي في فيلم "شاطئ الحبّ" بطولته هوّ وسميرة أحمد عن قصّة عبد العزيز سلّام وحواره مع يوسف عيسى وإخراج بركات، إنتاج سنة ١٩٦١.

الشّاعر حبيبته وعدته بلقاء، وهو بيغنّي أثناء انتظارها. هو مؤمن جدًا إنها هتيجي لدرجة إنها لو ماجاتش هيعتبر إن اليوم التّالي هو اللي ماجاش وهيستنّي لتاني يوم. وبيلوم نفسه على إنه حيران وبيقنع نفسه إنها أكيد هتيجي. وبيلوم الفجر إنّه جه بدري

وبيقولّه إن حبيبته هيّ الفجر الحقيقي ولو كان شافها وعرفها كان جماله هيضيع مع جمالها، يعني جماله لا يُقارن بجمالها. وبيرجع يفكّر نفسه إنّها أكيد هتيجي حتى لو غابت سنة، لأنّها وعدته وهوّ مؤمن إنّها مش ممكن تخلف وعدها. باين قوي من كلمات الأغنية والتّعبيرات المستخدمة إن الشّاعر في غاية القلق لكنه في نفس الوقت متأكد من مِجِي حبيبته في المعاد اللي إدِّتهوله.

وكعادة حسين السّيد في أشعاره، بيتخيّل موقف أو قصّة و يكتب عنها أغنيّة وعشان كده كان من أفضل الشّعراء اللي ألّفوا أغاني مكتوبة مخصوص للأفلام على حسب قصّتها وسياق أحداثها.

## ملاحظات

**آدي إحنا بكرة:** أهو بكرة جه وبقينا النّهارده.

**لو صدقت تبقى مش بايعاني:** ممكن جواب الشّرط يكون فعل مضارع بدون "بـ".

**لو خلفت مش هاقول ناسياني:** وممكن جواب الشّرط يكون فعل في زمن المستقبل وده الشّائع.

**وهستنى ليه ماستناش:** السّؤال اللي بيعبّر عن الحيرة أو الاستنكار أو بغرض الاقتراح زي ده غالبًا بيكون بفعل مضارع بدون "بـ" منفي. زي: "ليه ماروحش للدكتور النّهارده؟" "ليه ماتلعبش يا حبيبي مع أخوك ما دام إنت زهقان؟" "ليه ماتدوّرش على شغل في بلد تانية طالما مش لاقي فرصة في بلدك؟"

**ليه الحيرة بتسبّق في قلبي:** الحيرة جات لي بسرعة ليه؟

**ولّا يعني كتير عليّا:** يعني هنا زيادة على الجملة تُفيد الاستنكار. زي: "يعني إنت خلاص مش هتشرب اللبن ده؟" "يعني خلاص نسيتي حبّنا؟" "ليه كل ما أركب المترو ألاقيه زحمة يعني؟"

**تشوف الفجر على أصله:** تشبيه الحبيب بالفجر غير شائع في الأغاني وعشان كده جديد هنا وملفت للانتباه. الشّائع أكتر تشبيه الحبيب بالشّمس أو القمر أو النّجوم أو

النّور، زي: "هذه الدّنيا سماء أنت فيها القمر" في قصيدة "أغدًا ألقاك" لأم كلثوم، و"حبيبي يا نور العين يا ساكن خيالي" في أغنية "نور العين" لعمرو دياب، و"يا نجمة كل ما ضيها يلمس حجر يعلى ويتحول قمر" في أغنية "لمّا النّسيم" لمحمد منير.

**زمانها جاية:** زمان + اسم أو ضمير يعني شخص قرّب يعمل حاجة أو بيعمل حاجة دلوقتي. ممكن يُتبع باسم فاعل دال على المستقبل ومعناه فيه حركة زي جاي ورايح ونازل ومسافر. زي: "زمان نبيلة في الطّيارة دلوقتي،" "زمان ماما راجعة من الشغل،" "زمان زياد في المترو دلوقتي." و" زمان فلان جاي" تعبير شائع جدًا بتقوله النّاس لمّا تكون مستنّيّة حد.

**كمان شويّة:** بعد شويّة. زي: "كمان ساعة" يعني بعد ساعة، و"كمان يوم" يعني بعد يوم و"كمان سنة" يعني بعد سنة.

## التدريبات

**١ - أسئلة الفهم والاستيعاب:**

أ هو الشّاعر مستني إيه؟ وليه؟

ب لحد إمتى فضل الشّاعر مستنّي؟ وهيستنّى تاني ولّا لأ؟

ت ليه الشّاعر فاكر إن حبيبته هتيجي؟

ث لأي درجة الشّاعر واثق في صدق حبيبته؟

**٢ - وصّل الكلمة بعكسها:**

| | |
|---|---|
| حيرة | كذب |
| بكرة | اطمئنان |
| صدق | أكيد |
| عرف | إمبارح |
| جايز | جهل |

**٣ - كمّل الجمل دي بكلمات من عندك:**

أ كل يوم ______ الأتوبيس ربع ساعة، لو ماجاش باركب تاكسي.

ب أنا واقع في ______ مش عارف أدرس عربي ولا فارسي.

ت كل شيء ______ مافيش حاجة أكيد ١٠٠٪.

ث الفجر ______ والسّاعة بقت ٥ أهو، اصحي بقى يا ماما.

ج أنا هاستنّى اتّصاله ______ بكرة، لو ماتّصلش هروح الفيلم لوحدي.

**٤ - استخرج من النّصّ:**

٥ أسماء فاعل - ٣ مصادر - سؤال - جملة لوم - اقتراح - أساليب الشّرط

**٥ - اختار الإجابة الصحيحة من بين الأقواس:**

أ يا رب صاحبي ______ في كلامه وييجي السّاعة ستّة زي ما قال.
(يكذب - يغيّر - يُصدق)

ب ______ أقول لك على حاجة بس مكسوف.
(بدّي - بدني - بدري)

ت زمان ماما ______ وجايبة معاها كل الشّوكولاتة اللي إحنا عايزينها.
(نايمة - رايحة - جايّة)

ث اللي يسأل ______.
(مايتوهش - مايكبرش - مايكتبش)

ج بيجيلي ______ في فترة انتظار نتيجة الامتحانات.
(خوف - فرح - حزن)

**٦ - صحّح أو غيّر الكلمات اللي تحتها خطّ:**

أ لو نجحتي في الامتحان بقيتي شاطرة.

ب جايز بابا بييجي من السّفر في أي وقت.

ت زمان طارق جه في السّكة، إحنا مش مستعجلين على الغدا، هنستنّاه.

ث عمرك ما هتنجح وإنت الخوف يِملاك كده.

ج عايز آخُد يوم واحد أجازة من نَفْسي.

**٧ - ناقش مع المدرّس والطّلبة أفكار الشّاعر و آراءك في موقفه من حبيبته.**

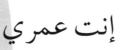

# ١٦

# إنت عمري

هات ايديك
ترتاح للمستهم
ايديا
!

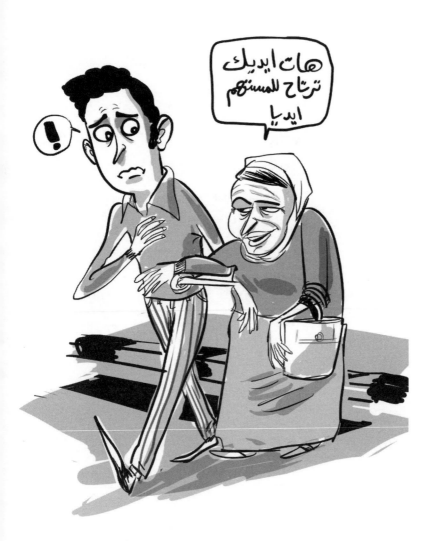

# ١٦
## إنت عمري
## ١٩٦٤

كلمات: أحمد شفيق كامل – ألحان: محمد عبد الوهاب – غناء: أم كلثوم

رجّعوني عينيك لأيامي اللي راحوا
علّموني أندم على الماضي وجراحه
اللي شفته قبل ما تشوفك عينيا
عمر ضايع يحسبوه إزاي عليا
إنت عمري اللي ابتدا بنورك صباحه
قد إيه من عمري قبلك راح وعدّى
يا حبيبي قد إيه من عمري راح؟
ولا شاف القلب قبلك فرحة واحدة
ولا داق في الدّنيا غير طعم الجراح
ابتديت دلوقتي بس أحبّ عمري
ابتديت دلوقتي أخاف لالعمر يجري
كل فرحة اشتاقها من قبلك خيالي
التقاها في نور عينيك قلبي وفكري
يا حياة قلبي يا أغلى من حياتي
ليه ماقابلنيش هواك يا حبيبي بدري
اللي شفته قبل ما تشوفك عينيا
عمر ضايع يحسبوه إزاي عليا
إنت عمري اللي ابتدى بنورك صباحه
الليالي الحلوة والشّوق والمحبّة
من زمان والقلب شايلهم عشانك

دوق معايا الحبّ دوق حبّة بحبّة
من حنان قلبي اللي طال شوقه لحنانك
هات عينيك تسرح في دنيتهم عينيا
هات إيديك ترتاح للمستهم إيديا
يا حبيبي تعالى وكفاية اللي فاتنا
هوّ فاتنا يا حبيب الرّوح شويّة؟
اللي شفته قبل ما تشوفك عينيا
عمر ضايع يحسبوه إزاي عليا
إنت عمري اللي ابتدى بنورك صباحه
يا أغلى من أيامي، يا أحلى من أحلامي
خدني لحنانك خدني، عن الوجود وابعدني
بعيد بعيد أنا وإنت، بعيد بعيد وحدينا
ع الحبّ تصحى أيامنا، ع الشّوق تنام ليالينا
صالحت بيك أيامي، سامحت بيك الزّمن
نسيتني بيك آلامي، ونسيت معاك الشّجن
رجّعوني عينيك لأيامي اللي راحوا
علّموني أندم على الماضي وجراحه
اللي شفته قبل ما تشوفك عينيا
عمر ضايع يحسبوه إزاي عليا

# المفردات

| | |
|---|---|
| رَجَّع، يرَجَّع، تَرْجيع | to bring back, to give back |
| ندِم، يِنْدَم، نَدَم | to regret |
| جَرْح ج. جِراح | wound |
| داق، يُدوق | to taste |
| اِلْتَقى، يِلْتِقي | to meet |
| فِكْر | thought |
| حَسَب، يِحْسِب، حساب | to count |
| شوق ج. أَشْواق | longing, yearning |
| مَحَبّة | love |
| وُجود | existence |
| صالِح، يِصالِح، مُصالْحة | to reconcile (with someone) |
| سامِح، يِسامِح، مُسامْحة | to forgive |
| شَجَن ج. أَشْجان | sorrow |
| عَلِّم، يِعَلِّم، تَعْليم | to teach |
| ضاع، يِضيع، ضَياع | to be lost |
| اِشْتاق، يِشْتاق، اِشْتِياق | to long for |
| حبّة بحبّة | bit by bit |
| بِعِد، يِبْعِد | to move away |
| حَنان | kindness, affection |
| شال، يِشيل، شيل | to keep, to preserve |
| راح، يِروح | to pass, to go away |
| ابْتَدى، يِبْتِدي، ابْتِداء | to start, to begin |
| فات، يِفوت | to lose something |

## التعليق

المونولوج ده كان أوّل عمل يجمع بين موسيقار الأجيال محمد عبد الوهاب وكوكب الشّرق أم كلثوم، وكان للأغنية دي صدى كبير جدًا في العالم العربي في الوقت ده، لدرجة إن النّقّاد والجمهور سمّوه "لقاء السّحاب."

جو الأغنية سعيد ومتفائل، فالشّاعر بيعبّر عن فرحه الشّديد لما قابل حبيبته، ولقاءه بحبيبته في وقت متأخر من عمره خلّاه يندم على اللي فاته من عمره ويحسّ إنه مش محسوب من حياته، الوقت ده بالنسبة له ولا حاجة بالمقارنة مع فترة حياته مع حبيبته. وبيطلب الشّاعر من حبيبته إنهم يبقوا مع بعض طول الوقت، فهو بيحس معاها إنه بعيد عن كل النّاس وعن العالم كله، وينهي الشّاعر الأغنية بتصريحه إنه صالح أيامه اللي فاتت بعد ما قابل حبيبته ونسي كل الآلام والأحزان اللي شافها وسامح الزّمن بسبب حبيبته.

الأغنية في المجمل بتعبّر عن حبّ شديد وعميق غيّر حياة الشّاعر رأسًا على عقب أو من النّقيض للنّقيض. وكانت حبيبته اللي قدرت تغيّر حياته كده جديرة إنه يكتب لها الشّعر الجميل الرقيق ده.

## ملاحظات

**قبل ما تشوفك:** بعد "قبل ما" بنستخدم فعل مضارع بدون "بـ". زي: "قبل ما تروح المدرسة عدّي عليا،" "قبل ما أحمد يسافر كلّمني في التليفون."

**يحسبوه إزاي عليا:** لما ييجي فعل في الجمع بدون فاعل بيكون مقصود بيه النّاس.

**ولا شاف القلب:** ماشافش القلب، استخدام "لا" مع الفعل الماضي ممكن، خصوصًا في بعض التعبيرات والأمثال وفي عطف جملتين على بعض. زي: "بابا لا جابلي عجلة ولا ودّاني مصيف زي ما قال،" "لا راح الزّمن عليه ولا جه" (مثل شعبي مصري).

**أخاف لَالعمر يجري:** أخاف إن العمر يجري. بعد فعل "خاف، يخاف" المصريين بيستخدموا حرف "لـ" أحيانًا. زي: "أنا خايف لالجامعة ترفض طلبي للالتحاق بها." وحرف "لَـ" هنا عليه فتحة ويختلف عن حرف "لِـ" المكسور بمعنى "إلى."

**دوق حبّة بحبّة:** دوق حبّة حبّة. لو بنقول كلمة مرّتين بالأسلوب ده ممكن ندخّل بينهم حرف "بـ". زي: "خطوة خطوة" أو "خطوة بخطوة."

**بعيد بعيد:** بعيد جدًا لأقصى درجة. تكرار الصفة بيكون للتّأكيد.

## التدريبات

### ١ - أسئلة الفهم والاستيعاب:

أ إزاي كانت حياة الشّاعر قبل ما يقابل حبيبته؟

ب إزاي اتغيّرت حياة الشّاعر لمّا قابل حبيبته؟

ت الشّاعر بقى خايف من إيه بعد ما قابل حبيبته؟

ث بيطلب الشّاعر من حبيبته إيه؟ وليه؟

### ٢ - وصّل الكلمة بعكسها:

| | |
|---|---|
| ماضي | كراهية |
| محبّة | دلوقتي |
| زمان | مستقبل |
| نور | ضلمة |
| وُجود | انتهى |
| ابتدى | عدم |

### ٣ - كمّل الجمل دي بكلمات من عندك:

أ متوسط ________ الإنسان يتراوح بين ستّين وتسعين سنة.

ب ماتندميش على ________ عشان أكيد كل حاجة عملتيها فيه حياتِك اتعلمتي منها.

ت القلم بتاعي ________ ومش لاقيه.

### ٤ - استخرج من النّصّ:

سؤال - ٣ أفعال أمر - فعلين منفيين - ٦ أفعال مضارعة بدون "بـ" واذكر سبب عدم استخدامها

### ٥ - اختار الإجابة الصحيحة من بين الأقواس:

أ ________ الأم على ابنها لا بديل عنه.

(حنان – حبّ – اهتمام)

ب ــــــــــ عمره ما كان مفيد.
(الفرح – النّدم – الأمل)

ت ــــــــــ السّمك يا هند ولو ماعجبكيش ماتكليش منه.
(كلي – دوقي – سيبي)

ث لعبنا تلات ساعات، ــــــــــ كده ويااللا نذاكر بقى.
(كفاية – لغاية – عناية)

ج جوّا كل إنسان ــــــــــ لماضيه والحاجات الحلوة اللي عاشها.
(أمل – إعجاب – شوق)

ح أحيانًا هجر الإنسان لوطنه بيعمل في قلبه ــــــــــ كبير.
(جرح – مرض – معاناة)

خ لو القطر ــــــــــ هاركب أتوبيس.
(جابني – فاتني – سابني)

د بابا اللي علّمني إزاي ــــــــــ على الكومبيوتر.
(باكتب – أكتب – اكتب)

ذ ماشترتش ــــــــــ فرخة واحدة بس.
(إلّا – ما عدا – ولا)

ر أنا خايف ــــــــــ الأجازة تعدّي من غير ما الحق أعمل حاجة.
(لَ - من – عشان)

ز أنا صحيت من نومي فجأة ــــــــــ صوت طفل بيعيّط.
(على – عشان – لأن)

س شغّل الرّاديو ــــــــــ شويّة أغاني.
(بنسمع – نسمع – لنسمع)

ش أنا مُشتاق لسماع الموسيقى، يعني الموسيقى ــــــــــ .
(واحشاني – مزهّقاني – عاجباني)

ص لازم تشتري تذكرة قبل ما ــــــــــ المترو.
(تركب – بتركب – هتركب)

٦ - صحّح أو غيّر الكلمات اللي فوق الخطّ في الجمل دي:

أ    إنت فكّرتني بالرّحلة اللي <u>هطلعها</u> كانت جميلة قوي.

ب    ممكن تدّيني قلمك <u>بكتب</u> بيه شوّية.

ت    أنا مش عايز أكل السمك ده أنا عايز <u>أكل</u> طعمه بس.

ث    أنا اللي عازمكو على الغدا النهارده، الحساب كله <u>ليا</u>.

ج    هيّ اتعلّمت كتير من أخطائها ومش ندمانة <u>بحاجة</u>.

٧ - ناقش المدرّس في رأيك في الأغنية دي.

# ١٧

# الشّهد والدّموع

SOUNDCLOUD

YouTube

تحت نفس الشمس ؟
أكيد لا ، مفيش شمس حامية كدة في اي حتة

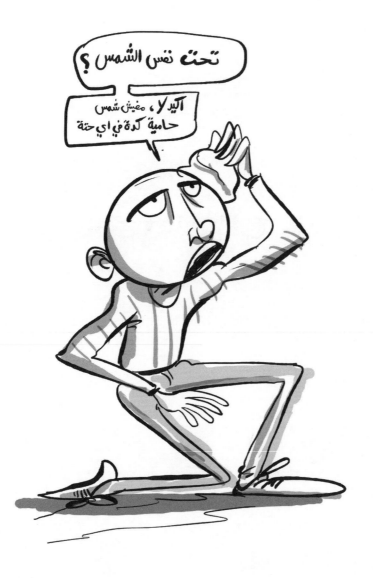

# ١٧
## الشّهد والدّموع
### ١٩٨٣

كلمات: سيد حجاب – ألحان: عمّار الشّريعي – غناء: علي الحجّار

تحت نفس الشّمس فوق نفس التّراب

كلنا بنجري ورا نفس السّراب

كلنا من أم واحدة أب واحد

دم واحد بس حاسّين باغتراب

الحقيقة نار تعيش تحت الرّماد

في ضياها باهتدي لحلمي وخيالي

والمحبة تفجّر الرّوح في الجماد

وبمحبة قلبي هاقدر على الليالي

يا زمان الغربة مهما هتكاسرنا

حلمنا هنحقّقه مهما خسرنا

طول ما خيرنا لغيرنا حتّى لو رحلنا

في الحياة هنمدّ لينا جدور مسيرنا

كلنا من أم واحدة أب واحد

دم واحد بس حاسّين باغتراب

# المفردات

| | |
|---|---|
| تُراب ج. أتربة | dust |
| سَراب | mirage, Fata Morgana |
| جرى، يجْري، جَرْي | to run |
| دَم ج. دماء | blood |
| حَسّ، يحِسّ، إحْساس | to feel |
| اِغْتِراب | alienation |
| نار ج. نيران | fire |
| رَماد | ash |
| ضِياء = نور | light |
| اِهْتَدى، يهْتَدي، اهْتداء | to find (the right) way |
| حِلْم ج. أَحْلام | dream |
| خَيال | imagination |
| مَحَبّة = حُبّ | love |
| قدِر، يقْدَر، قُدْرة | to be able to, to bear |
| ليلة ج. لَيالي | night |
| حَقّق، يحَقّق، تحْقيق | to achieve |
| طول ما | as long as |
| غيرنا | others |
| مَدّ، يمِدّ، مَدّ | to spread |
| جِدْر (جِذر) ج. جُدور | root |
| مسيري | I will eventually (do something) |
| حَقيقة ج. حَقايق | truth |
| نَفْس | the same |
| خير | goodness |
| خِسِر، يخْسَر، خُسارة | to lose |
| زَمان | time |
| كاسِر، يكاسِر | damaging, ferocious |
| مَهْما | no matter (how/what) |

## التعليق

غنّى علي الحجار الأغنية دي كمقدمة لمسلسل "الشّهد والدّموع" بطولة يوسف شعبان وعفاف شُعيب، قصّة وسيناريو وحوار أسامة أنور عكاشة وإخراج إسماعيل عبد الحافظ، إنتاج سنة ١٩٨٣.

المسلسل بيحكي عن أخين هيورثوا ثروة أبوهم بعد ما يموت، لكن كان الأخ الأكبر (اسمه حافظ في المسلسل) طمّاع وأناني بيفضّل الفلوس عن أخوه (اسمه شوقي في المسلسل) وبيحبّ نفسه أكتر من أي حد. وفي يوم هياخد صديق الأخ الأكبر حافظ ثروة أخوه الأصغر شوقي ويدّيها له، ويموت الأخ الأصغر شوقي البريء بسبب حزنه على ضياع ثروته، وبدل ما يرجّع الأخ الأكبر حافظ الثّروة دي لأسرة أخوه هياخدها لنفسه ويحرمهم منها. وينتهي الجزء الأول من المسلسل. في الجزء التّاني قصّة أولاد الأخين لما يقابلوا بعض ويعرفوا حقيقة السّرقة اللي حصلت بين والديهم زمان.

إذن بيتناول المسلسل قصّة الطّمع بين أخين المشهورة، واللي بدأت مع بداية الخليقة بين قابيل وهابيل أولاد آدم أبو البشر، واللي تناولتها أساطير وحكايات كتير عند كل شعب زي أسطورة رومولوس وريموس Romulus and Remus مؤسسي مدينة روما في الأساطير الرّومانية. وهي صدى لفكرة طمع الإنسان عامة والكراهية بين بني البشر اللي موجودة فعلًا رغم انتماء البشر كلهم لأصل واحد.

عشان كده حاول الشّاعر بالأغنية دي إنّه يعبّر عن موضوع المسلسل، فنلاقيه بينتقد البشر وبيقول إنّ فوق نفس الأرض بنجري كلنا ورا حاجة مش محدّدة بالظّبط أو مش موجودة أصلًا لكن ناس كتير بيحاولوا يحققوا أحلامهم وطموحاتهم في كسب أكبر قدر ممكن من الفلوس ومن كل متع الحياة حتى لو كان عشان يحققوا ده لازم يظلموا إخوانهم من البشر، وفي النّهاية ماحدش بيوصل للي هو عايزه بالظّبط، دائرة مفرغة أو مشوار بلا نهاية من الطّمع. شبّه الشّاعر شهوة الإنسان الشّرهة لكل متع الحياة بالجري ورا سراب، وبينتقد إنّنا جينا من أصل واحد أب واحد وأم واحدة ودم واحد إلّا إننا حاسّين بغربة مع بعض كأننا مش إخوان وننتمي لأسرة واحدة. وبعدين بيتكلّم بطريقة أكتر مباشرة عن موضوع المسلسل وبيقول إن الحقيقة هتفضل عايشة مهما كانت مش واضحة أو مهما حاول حد يموّتها أو يخفيها، ونظنّ إنه بلسان الأخ الأصغر بيقول إن في نور الحقيقة دي بيحاول يحقّق أحلامه، وبيثني على عاطفة الحبّ وبيقول إنها قوية وحيوية لدرجة إنها بتخلق الرّوح في الجماد، وإنه بعاطفة الحبّ دي بيتحمّل الحياة ومشقتها وعذابها وظلمها، وبيخاطب الزّمن (زمنّا الحالي) اللي النّاس

فيه بتشعر بالغربة وبيعلن بتحدي إن مهما الزّمن ده بيعارضنا أو بيصارعنا هنقدر نحقّق أحلامنا مهما فقدنا في طريقنا أو في مشوار حياتنا، وإن طول ما حقّنا مع حد تاني حتى لو متنا إحنا هنمد لينا في المستقبل جذور تكمّل مشوارنا في محاولة استرجاع الحقّ ده.

المسلسل ده نجح نجاح ساحق لمّا اتعرض على التّلفزيون المصري لأول مرة، ولحد دلوقتي بيعتبره النّقّاد والجمهور من أروع ما قدّمت الدّراما المصرية.

الشّاعر نجح في تلخيص موضوع المسلسل وتركيزه في قصيدة سهلة، واستعان بالصّور والتّشبيهات المعبّرة في توصيل أفكاره، والصّور كانت ملائمة جدًا ورومانسيّة سهلة التّأثير. واستخدم الشّاعر بعض العبارات البسيطة زي اللي بنستخدمها في حياتنا اليومية منها "كلنا من أم واحد أب واحد دم واحد" و"بس حاسّين باغتراب" و"حلمنا هنحقّقه مهما خسرنا" و"طول ما خيرنا لغيرنا."

## ملاحظات

**تحت نفس الشّمس فوق نفس التّراب:** يعني على نفس الأرض.

**كلنا بنجري ورا نفس السّراب:** كلنا بنجري ورا نفس الأمل أو الحلم وهو امتلاك كل حاجة في الدّنيا، ولأن الأمل ده مستحيل تحقيقه فالشّاعر شبّهه بإنه زي السّراب اللي بتشوفه في الصّحرا أو في الطّريق الفاضي، لكنه مش موجود في الحقيقة.

**كلنا من أم واحدة أب واحد دم واحد:** كلنا نرجع لنفس الأصل أو ننتمي لنفس الأصل. فطبقًا للأديان السماوية كلنا أولاد حوا وآدم، وطبقًا لنظرية دارِون في التطوّر كلنا أولاد وأحفاد أصل مشترك واحد.

**بس حاسّين باغتراب:** لكن رغم انتماءنا للأصل الواحد ده ورغم إننا عيلة واحدة كبيرة مابنحسّش إننا قرايب أو أصدقاء. كل شخص بيشعر إنه غريب بالنسبة للشخص التّاني.

**الحقيقة نار تعيش تحت الرّماد:** (العبارات من أول هنا بتتقال بلسان البطل أو الأخ الأصغر) حقيقة كل شيء موجودة مش ممكن إنكارها حتى لو كانت مختفية أو غامضة، زي النّار ما هي موجودة تحت الرّماد، وده يعني إنها ممكن تشتعل أو تظهر واضحة وجليّة في أي

وقت. زي مثلًا واحد غني بيحاول ينكر حقيقة إنه أخوه فقير، الحقيقة دي هتفضل عايشة وموجودة مهما حاول إنكارها. هنا صورة بلاغية شديدة الجمال والدقّة، فالشّاعر أحسن اختيار الصورة التّشبيهية. ومن الشّائع جدًا في الشّعر تصوير الأفكار المعنويّة بأشياء ماديّة ملموسة ومحسوسة لأن ده بيأثّر أكتر في نفس الإنسان، وعشان كده بتستخدم كل النّاس حتّى في لغة الحياة اليومية الأمثلة والصّور لشرح أفكارها، والبراعة والجمال هو استخدام الصّورة الأكثر شبهًا بالفكرة.

**في ضياها باهتدي لحلمي وخيالي:** في نور الحقيقة دي بحاول أشوف طريقي في تحقيق أفكاري وأحلامي. هنا بيواصل الشّاعر شرح أفكاره بالصورة اللي رسمها في البيت اللي فات. فكأن للحقيقة نور يُهتدى بيه، زي نور القمر بالليل في الصّحرا أو في الأماكن الخالية.

**والمحبّة تفجّر الرّوح في الجماد:** الحبّ يقدر يخلق الرّوح أو الحياة في الجمادات. الجمادات هي موجودات الطّبيعة اللي مالهاش روح زي المعادن والأحجار أو الصخور. وده تعبير بلاغي جميل جدًا بيوضّح مدى أهمية وقوة الحبّ والمشاعر في حياتنا، فالحبّ قوي لدرجة إنه بيخلّي الجماد كائن حيّ.

**وبمحبّة قلبي هاقدر على الليالي:** بالحبّ اللي في قلبي هقدر أتحمّل مشقة الحياة. يعني البطل اختار الحبّ كسلاح وحل لمواجهة متاعب الحياة وأطماع النّاس.

**يا زمان الغربة مهما هتكاسرنا:** بيخاطب الشّاعر الزّمان اللي هو عايش فيه واللي النّاس فيه بتحسّ بالغربة دي، وبيقول إنك مهما هتصارعنا أو تعارضنا أو تكون ضدّنا. وهنا تشبيه للزّمن بإنه حيوان أو وحش أو إنسان بيصارعنا.

**حلمنا هنحققه مهما خسرنا:** هنحقّق أحلامنا البريئة مهما كنت بتصارعنا ومهما إحنا خسرنا في المعركة دي.

**طول ما خيرنا لغيرنا:** طول ما حقّنا مع حد غيرنا.

**حتى لو رحلنا:** حتى لو متنا أو فقدنا الحياة ورحلنا عنها.

**في الحياة هنمد لينا جدور مسيرنا:** هنمد لينا في الحياة جدور تكمّل مسيرتنا، الجدور دي هي رمز للأبناء اللي بيتمنّى كل إنسان إنهم يكملوا مشواره في الحياة ويواصلوا اللي ماقدرش يحقّقه في حياته، فالشّاعر بلسان البطل بيقول إن حتّى لو أنا رحلت عن الحياة هيكون ليا فيها أبناء هيكبروا ويواصلوا مشواري ويحاولوا يرجّعوا الحقّ اللي اتسرق منّي. ودي قصّة الجزء التّاني من المسلسل.

## التدريبات

**١ - أسئلة الفهم والاستيعاب:**

أ إيه هو موضوع الأغنية؟
ب كلام الشّاعر متفائل ولّا متشائم؟
ت إيه رأي الشّاعر في الحبّ؟

**٢ - وصّل الكلمة بعكسها:**

| | |
|---|---|
| تحت | كراهية |
| قدّام | ظلام |
| حقيقة | ضلّ |
| ضياء | ورا |
| اهتدى | خيال |
| محبّة | فوق |

**٣ - كمّل الجمل دي بكلمات من عندك:**

أ في الأديان السّماوية التّلاتة الإنسان اتخلق من ________.
ب الدّكتور كان شاكك إن عنده فيروس وطلب منه تحليل ________.
ت أي حاجة عضويّة تحرقها هتتحول ل ________.
ث النّاس اللي بتسافر برًا بتشوف قدامها ________ كأن فيه مية لكن في الحقيقة مافيش.
ج الموجودات اللي في الطبيعة كلها حيوان أو نبات أو ________ .

**٤ - استخرج من النّصّ:**

اسم فاعل - فعل مضارع بدون "بـ" واذكر سبب عدم استخدامها - ٤ أفعال في المستقبل

**٥ - اختار الإجابة الصحيحة من بين الأقواس:**

أ ________ الكاتب الكبير نجيب محفوظ عن عالمنا سنة ٢٠٠٦.
(تُوفي – رحل – مات)

ب  برشلونة اللي كسب الماتش وإيه سي ميلان ______ .
(خسر – فقد – انهزم)

ت  أنا حاسس ______ ألم في ضهري.
(ل - ب - في)

ث  مش أنا اللي اتّصلت بيك إمبارح حد تاني ______ .
(ماعداي – سواي – غيري)

ج  غربة واغتراب كلمتين ______ .
(مترادفتين – عكس بعض – اسمين)

ح  ______ ممكن يكون اسم بنت في البلاد العربية وتركيا.
(تراب – سراب – نار)

خ  ______ اتعلّمت لغات كتير عمرك ما هتنسى لغتك الأم.
(ما – مهما – مع إن)

د  أنا ______ أشيل التّرابيزة دي لوحدي لأنها تقيلة جدًا.
(ماحبّش – ماقدرش – يمكن)

**٦ - صحّح أو غيّر الكلمات اللي فوق الخطّ في الجمل دي:**

أ  الحبّ ممكن يخلق الرّوح في النّبات.
ب  زمان كانت النّاس بتهتدي بيوتها بالليل في نور القمر.
ت  فروع الشّجر مغروسة في الأرض بعمق.
ث  كل النّاس تتمنى إنها تحقّق كل أفلامها.
ج  رغم إن صاحبي كسب كل فلوسه في البورصة إلّا إنه لسه بيحاول يحقّق ثروة منها.

**٧ - حطّ الكلمات دي في جمل من عندك:**

تراب – سراب – اغتراب – ضياء – غربة – مسيرنا

**٨ - ناقش مع المدرّس رأيك في موضوع الأغنية، ووضّح إذا كنت تتّفق ولّا تختلف مع كلام الشّاعر.**

# ١٨

# بالورقة والقلم

اسود
يا عسل بلدي

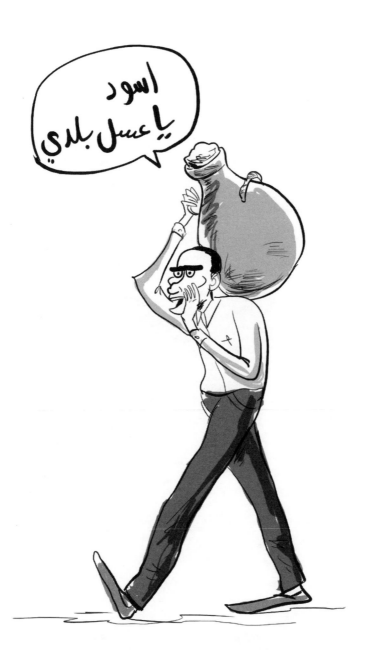

# ١٨
## بالورقة والقلم
## ٢٠١٠

كلمات: نور عبدالله – ألحان: عمر خيرت – غناء: ريهام عبد الحكيم

بالورقة والقلم خدتيني مية ألم

أنا شفت فيكي مرمطة وعرفت مين اللي اتظلم

ليه اللي جاي لك أجنبي عارفة عليه تطبطبي

وتركّبي الوشّ الخشب وعلى اللي منّك تقلبي

عارفة سواد العسل أهو ده اللي حالك ليه وصل

إزاي قولي لي مكمّلة وكل ده فيكي حصل

يا بلد معاندة نفسها يا كل حاجة وعكسها

إزاي وأنا صبري انتهى لسّه باشوف فيكي أمل

طارداك وهيّ بتحضنك وهوّ ده اللي يجنّنك

بلد ما تعرف لو ساكنها ولّا هيّ بتسكنك

بتسرقك وتسلفك ظالماك وبرضه بتنصفك

إزاي في حضنك ملمومين وإنتي على حالك كده

# المفردات

| | |
|---|---|
| to slap someone | خَدُه أَلَم |
| indignity, affront | مَرْمَطة |
| to treat someone unfairly | ظَلَم، يِظْلِم، ظُلْم |
| to put on, to install | رَكِّب، يِرَكِّب، تَرْكيب |
| to pat | طَبْطَب، يِطَبْطَب، طَبْطَبة |
| grim face | وِشّ خَشَب |
| to turn against | قَلَب، يِقْلِب، قَلَب |
| blackness | سَواد |
| molasses | عَسَل |
| to continue, to keep on, to endure | كَمِّل، يِكَمِّل، تَكْميل |
| to contend stubbornly | عانِد، يِعانِد، مُعانْدة |
| opposite, contrary | عَكْس |
| endurance, patience | صَبْر |
| to inhabit | سِكِن، يِسْكُن، سَكَن |
| to steal | سَرَق، يِسْرَق، سَرْقة |
| to lend | سَلِّف، يِسَلِّف، تَسْليف |
| to treat fairly | نَصَف، يِنْصِف، إِنْصاف |
| to gather together | لَمّ، يِلِمّ، لَمّ |

## التعليق

غنّت ريهام عبد الحكيم الأغنية دي لفيلم "عسل إسود" بطولة أحمد حلمي وإدوارد، تأليف خالد دياب، وإخراج خالد مرعي، إنتاج سنة ٢٠١٠.

الفيلم بيناقش قضية معاناة المصريين داخل بلدهم، خاصةً لو قارنّا بينهم وبين الأجانب اللي بيلاقوا كل ترحيب في البلد. وبيوضّح الفيلم إنه رغم محاولة بعض الناس في مصر خداع الأجانب في الفلوس، إلا إن معظم الموظفين والعاملين في الدولة بيعاملوا الأجنبي أحسن من المصري بكتير. فالشّخصيّة الرئيسيّة في الفيلم شاب مصري أمريكي ومن أول ما يوصل أرض المطار وهو بيقابل مشاكل كتير خاصةً لو عرّف نفسه على إنه مصري مش أمريكي، وسوّاق العربية الأجرة قدّام المطار بيضحك

عليه في الفلوس ويفضل البطل يواجه مواقف صعبة بعضها مخجل وبعضها مضحك وبعضها مبكي. لكنه بيكتشف خلال أحداث الفيلم إن عند المصريين ميزات ماشفهاش قبل كده زي الكرم والضيافة، زي ما صاحبه وجاره هيعمل معاه لما يتعرّف عليه، وزي مشهد مائدة الرحمن في رمضان، وزي مشهد الست الغنيّة اللي بتوزّع لحمة على الفقرا. الفيلم برده بيتناول السّلبيات اللي ظهرت في مصر في الفترة الأخيرة. وعشان كده جات الأغنية نقد للبلد أو لأحوال البلد.

فالشّاعرة بتقول بطرق مشروعة أو قانونية آذتيني يا بلدي، شفت فيكي معاناة وظلم، ليه بتعاملي الأجنبي أحسن مني؟ الحياة فيكي بقت صعبة مع إني باحبّك والمفروض العكس، إزاي الحياة فيكي لسّه مستمرّة رغم كل المعاناة اللي بيشوفها المصريين، فكل حاجة فيكي متناقضة، في ناس تسرق فلوسك وناس تانية تسلفك أو مستعدة تتبرعلك بفلوس، في ناس بتعاملك حلو قوي وناس تانية بتعاملك وحش قوي، وبتسأل في الآخر إزاي لسه عايشين على أرضك وإنتي بتعاملينا كده؟!

## ملاحظات

**بالورقة والقلم:** ممكن تكون الشّاعرة تقصد بطرق قانونيّة أو مشروعة، فيه ناس بتستخدم التّعبير ده بالمعنى ده. وممكن تكون بتقصد إنّها سجّلت كل حاجة في ذاكرتها كأنها مكتوبة على ورق.

**خدتيني مية ألم:** "خده ألم" أو "خده بالألم" يعني ضربه على وشّه بكفّ إيده، وده قمة الإهانة اللي ممكن يتعرّض ليها إنسان. وهي تقصد إنتي أهنتيني قوي كأنك ضربتيني مية ألم.

**أنا شفت فيكي مرمطة:** "مرمطة" مصدر فعل "مرمط" بمعنى أهان بشدة وبهدل شخص. من مرادفاتها معاناة وإهانة.

**عارفة عليه تطبطبي:** "طبطب" يعني يخبط أو يضرب بإيده على كتف واحد مثلًا بالراحة، بغرض التّدليل أو الدّعم النفسي أو لإشعار الشّخص بإنك جنبه زي ما بنعمل مع الأطفال. وده يعني إن البلد بتعامل الأجنبي بطريقة حلوة جدًا وبترحّب بوجوده كأنّها بتطبطب عليه.

**تركّبي الوشّ الخشب:** "الوشّ الخشب" يعني وشّ غاضب أو متجهم قبيح يخلو من أي لطف أو مودة، وده يعني إنتي بتعاملي المصريين بطريقة وحشة جدًا.

**على اللي منّك تقلبي:** "اللي منّك" في الأغنية يعني المصريين، "تقلبي" يعني تغيّري معاملتك تمامًا، يعني بتعاملي الأجنبي بمنتهى الحبّ والمودة والمصري بتعامليه بطريقة جافّة وقاسية. ممكن لو غيّرت معاملتك الحلوة مع حد يقول لك "إنت قلبت عليا ليه؟"

**سواد العسل:** العسل الإسود هو مادة غذائية لونها إسود وطعمها حلو أو مسكّر قوي لأنه مستخرج من نبات قصب السكر. وبيُستخدم لتشبيه أي حاجة بإنّها حلوة قوي لكن فيها عيوب كتير.

**إزاي قولي لي مكمّلة:** إزاي الحياة فيكي مستمرّة لحد دلوقتي.

**وكل ده فيكي حصل:** يعني رغم كل المعاناة اللي بنشوفها على أرضك.

**يا بلد معاندة نفسها:** يعني بلد بتعمل كل حاجة وعكسها، مليانة بالتناقضات.

**طارداك وهي بتحضنك:** تعبير بليغ يدلّ على منتهى التّناقض، ففي البلد حاجات كتير تكرّهك في الحياة فيها وحاجات كتير تحبّبك في الحياة فيها.

**بلد ما تعرف لو ساكنها ولّا هي بتسكنك:** "ما تعرف" يعني "ماتعرفش" ممكن حذف حرف "ش" في الشّعر أو في أساليب خاصّة زي جملة بتعبّر عن الحيرة زي المثال هنا، وزي: "والله ما أعرف/ماعرفش إذا كان اتّصل ولا ما اتّصلش." والجملة في القصيدة تقصد بلد إنت ماتعرفش إنت مجرد ساكن فيها ولّا هيّ كمان بتسكنك عشان إنت بتحبّها جدًا كأنّها عايشة داخلك.

**ظالماك وبرده بتنصفك:** بتعاملك بظلم وبرضه بتعاملك بعدل في أوقات تانية أو في مواقف تانية، دليل على التّناقض.

**إزاي في حضنك ملمومين:** إزاي لسه عايشين على أرضك وبنحبّك.

# التدريبات

**١ - أسئلة الفهم والاستيعاب:**

أ   ليه الشّاعرة بتنتقد البلد؟

ب   الشّاعرة بتحبّ البلد ولّا بتكرهها ولّا مش عارفة تحدّد موقفها؟ وليه؟

ت   في رأيك ليه البلد ممكن تكون بتعامل الأجنبي أحسن من المصري؟

**٢ - وصّل الكلمة بعكسها:**

| | |
|---|---|
| مرمطة | أنصف |
| أجنبي | كرامة |
| طرد | محلي |
| عاند | عزم |
| يأس | وافق |
| ظَلَم | أمل |

**٣ - كمّل الجمل دي بكلمات من عندك:**

أ   أظن صاحبي هو ........ رنّ الباب إمبارح وأنا نايم.

ب   حرام تضرب حد بـ ........ على وشّه عشان دي إهانة كبيرة قوي.

ت   أنا ........ في الدقي دلوقتي لكن بعد كام يوم هانقل للمعادي.

ث   فيه ناس بتسلّم على بعضها بإنّها بتبوس أو ........ بعضها.

ج   إمبارح خرجت مع كل أصحابي مصريين و ........ .

**٤ - استخرج من النّصّ:**

**٧** أسماء فاعل – فعل مبني للمجهول – مصدرين – اسم مفعول

**٥ - اختار الإجابة الصحيحة من بين الأقواس :**

أ المرطة كلمة ________ .
(سلبية – إيجابية – محايدة)

ب لما القطّة كانت عيانة إديتها دوا وفضلت ________ عليها لحد ما نامت.
(أخبط – أطبطب – أضحك)

ت العسل نوعين واحد إسود وواحد ________ .
(أبيض – أحمر – أصفر)

ث بعد ما الثّورة نجحت الجيش ________ الملك من البلد.
(دخّل – طرد – قتل)

ج ما صاحبتي ماكانش معاها فلوس ________ .
(ضربتها – سلّفتها – كلّمتها)

ح مابحبّش ولا أظلم ولا ________ .
(ظالم – مظلوم – أتظلم)

خ اشتريت ترابيزة ________ جديدة.
(خشب – من خشب – خشبية)

د أنا مش ممكن أدخل الجيش دلوقتي عشان لسّه ________ في الجامعة.
(بادرس – دارس – درست)

ذ البنت دي ________ نفسها، ومش عارفة هي عايزة إيه بالظّبط.
(بتكابر – بتعاند – بتكدب)

**٦ - صحّح أو غيّر الكلمات اللي فوق الخطّ في الجمل دي:**

أ أنا خلاص مش قادر أستحمل صبري ينتهي.

ب لما اتخانقت مع المدير في مكتبه عزمني.

ت إنت ليه مرِكّب وشّ بلاسيتك كده، ما تكلّمني كويس!

ث الحبّ زي الكراهية، والأمل زي اليأس.

ج عارفة سواد العسل أهي ده اللي حالك ليه وصل.

ح بلد ما تعرف إذا ساكنها ولّا هي بتسكنك.

٧ - حطّ الكلمات دي في جمل من عندك:

ألم – طبطب – صبر – معاند – طرد – سلّف – ظلم


٨ - ناقش مع المدرّس رأيك في حال مصر دلوقتي و بيّن إذا كنت تفتكر إن كلام الشّاعر لسّه بيصدق على حال البلد لحد دلوقتي ولّا لأ، وإذا كان حال بلدك زي كده كمان ولّا مختلف.

# ١٩

## كوكب تاني

SOUNDCLOUD

YouTube

# ١٩
# كوكب تاني
# ١٩٨٨

كلمات: مدحت الجمال – ألحان: سامي الحفناوي – غناء: مدحت صالح

رافضك يا زماني يا أواني يا مكاني
أنا عايز أعيش في كوكب تاني
في عالم تاني فيه لسّه أماني
فيه الإنسان لسّه إنسان عايش للتّاني
عالم طيّار ورياحه قوية
بتهدّ كياني تكسّر فيّا
من غير مواعيد بتاخدني بعيد
عن معنى حياتي عن أصلي وذاتي
وده مش بإيديا وده مش بإيديا
فيه سدّ منيع عالي وفظيع عالي وفظيع
بيني وبين نفسي بين روحي ورسمي بين يومي وأمسي
واللي اتمنيته وبنيته في الهوا بيضيع
وده مش بإيديا وده مش بإيديا
مكبوتة في قلبي أحلام محصورة
وحطام أفكار أيتام مبتورة
وآمال مطوية بتعافر فيّا
وكأن أواني كان لسّه شويّة
وف وسط النّاس والزّحمة تاه الإحساس والرّحمة
ضاع منّي سلامي تاه حتّى كلامي
ضاق بيا مكانى كدّاب يا زماني

# المفردات

| | |
|---|---|
| زَمان = أَوان | time |
| كَوْكَب ج. كَواكِب | planet |
| عالَم ج. عَوالِم | world |
| أُمْنِيَة | wish |
| إِنْسان ج. ناس | human being |
| طَيّار | flying |
| ريح ج. رياح | wind |
| قوي/ة | strong |
| هدّ، يِهِدّ، هَدّ | to destroy, to demolish |
| كَيان | being, entity |
| مَعاد | appointment |
| أَصْل | origin |
| ذات | self, being |
| سَدّ ج. سُدود | dam, barrier |
| مَنيع/ة | impenetrable, forbidding |
| فَظيع/ة | horrible, awful |
| رَسْم | form, image |
| الْيوم (فُصْحى) | today |
| أَمْس (فُصْحى) | yesterday |
| اِتْمَنّى، يِتْمَنّى، تَمَنّي | to hope, wish |
| بَنى، يِبْني، بُنى | to build |
| ضاع، يِضيع، ضَياع | to get lost, to be wasted |
| مَكْبوت/ة | repressed |
| مَحْصور/ة | besieged, confined |
| حُطام | wreck, ruins |
| يَتيم/ة | orphan |
| مَبْتور/ة | cut, amputated |

| | |
|---|---|
| hope | أَمَل ج. آمال |
| convoluted | مَطوي/ة |
| to struggle, to strive | عافِر، يِعافِر، مُعافْرة |
| crowd | زَحْمة |
| to feel | حَسّ، يِحِسّ، إحْساس |
| mercy | رَحْمة |
| to become narrower or more limited | ضاق، يِضيق |

## التعليق

غنّى مدحت صالح الأغنية دي من كلمات مدحت الجمال وموسيقى سامي الحفناوي سنة ١٩٨٨.

الأغنيّة بتتكلّم عن معاناة الإنسان في العصر الحديث بسبب مشاكل كتير بيواجهها بدون ما يلاقي ليها حلول مناسبة وحتى لو لقى ليها حلول مناسبة فهو عاجز عن تحقيقها. المشاكل دي منها الانفجار السكاني في بعض البلاد، الفقر، وممكن كمان البطالة (مش مصرّح بيها في الأغنيّة بس ممكن نستشفّها من الكلمات) وممكن بسبّب فظاعة الحروب خاصّةً في القرن العشرين، فالقصيدة ظهرت قرب نهايته، يعني بعد الحربين العالميتين وحروب الشّرق الأوسط الكتيرة. من الممكن جدًا إن كل الأفكار دي كانت في ذهن الشّاعر لمّا كتب القصيدة. عشان كده جات القصيدة تعبّر عن رفض الإنسان للزّمن ده وللعالم ده ولكوكب الأرض بأكمله، وعن أمنيته إن لو كان في استطاعته إنه يعيش في كوكب تاني، وفي عالم يقدر الإنسان فيه إنه يتمنّى أمنيّات يقدر يحقّقها، عشان عالمه على الأرض شديد التّقلّب وغير مستقرّ على الإطلاق، وتقلّباته وظروفه دي بتهدّ كيان الإنسان، بتغيّر أفكاره، بتخلّيه أحيانًا يتخلّى عن مبادئه، أو يكفر باعتقاداته، وبتشتّته، وبتزيل من الحياة أي معنى. فيبدأ يحسّ الإنسان إن فيه حاجز بينه وبين نفسه، كأنه بقى شخصين، فهو مش قادر يحقّق أمنياته وأفكاره في الواقع، ويبدأ يعيش في حالة اغتراب، كأنه معزول عن كل اللي حواليه، فيظنّ إن الوقت المناسب لميلاده ماكانش لسه جه. ومع حالة الإزدحام اللي بتشهدها مدن كتير في العالم دلوقتي لدرجة إن بعض المدن بقت تحوي الملايين من النّاس (منها القاهرة)، النّاس مابقتش طيّبة زي زمان ومالت للعنف أو العدوانية، ففقد الإنسان الشعور بالأمان وبقى حاسس إن ماحدش بيسمعه، وإن مساحة حريته ضاقت. فانتهى بيه الحال بإنه فقد أي أمل في الخلاص من كل ده.

## ملاحظات

**رافضك يا زماني يا أواني:** الزّمان يعني الزمن أو الوقت، والأوان يعني زمن محدد أو فترة معيّنة بالتّحديد. ممكن أقول "البرتقان طلع قبل أوانه" (البرتقان نضج على الشّجر قبل الوقت المحدد ليه كل سنة)، "أو كل شيء هيبان في أوانه" (هيبان في الوقت المناسب ليه).

**عايش للتّاني:** يقصد عايش حياته من أجل باقي النّاس، بيساعدهم وبيحاول يسعدهم، وفي التعبير ده معنى متضمّن إن الإنسان على الأرض أناني وعايش لنفسه وبس.

**عالم طيّار ورياحه قوية:** عالم متقلّب ومتغيّر، كل وقت بحال مختلف، وغير مستقرّ. وكلمة "رياح" مجازية بمعنى ظروف.

**من غير مواعيد:** على فجأة أو بدون توقّع.

**وده مش بإيديا:** يعني أنا مافيش حاجة في إيدي أعملها مع الظّروف، مش ممكن أغيّر حاجة.

**فيه سدّ:** فيه حاجز.

**بين روحي ورسمي:** "رسمي" ممكن تعني جسمي أو شكلي.

**واللى اتمنّيته وبنيته في الهوا بيضيع:** أحلامي وطموحاتي وكل إنجازاتي ضاعت عبثًا أو على الفاضي.

**وحطام أفكار أيتام مبتورة:** أفكار ماتحقّقتش، ومالهاش أي نتائج في الواقع بسبب صعوبة ومعاكسة ظروف الحياة ليه.

**وآمال مطوية بتعافر فيّا:** الآمال مخنوقة في قلبه، هو مش قادر يحقّق أي حاجة منها، وهي بتصارعه عايزة تخرج أو تتحقّق في الواقع.

**وكأن أواني كان لسّه شويّة:** كأن الوقت المناسب لوجودي في الحياة لسه ماجاش وأنا ظهرت

قبله. ودي صورة خيالية غير ممكن التحقّق منها أو اختبارها في الواقع لأن ماحدش يعرف إيه الوقت المناسب لوجوده في الحياة. لكن الشاعر بيتخيّل كده وبيقول "كأنّ" لرفضه للظروف المعاكسة في حياته.

**ضاع مني سلامي:** هو مش حاسس بالأمان بين زحمة النّاس.

**تاه حتى كلامي:** والكلام اللي بيقوله ماحدش بيسمعه، العالم بقى زحمة زي سوق، ممكن بسبب كتر النّاس والدّوشة ماحدش يسمع التاني.

**ضاق بيا مكاني:** هو حاسس إنه مش حرّ يقدر يروح هنا وهناك ويتحرك لأنه محاصر بالزّحمة.

# التدريبات

**١ - أسئلة الفهم والاستيعاب:**

أ  ليه الشّاعر رافض زمانه وعالمه؟

ب  إيه هي المشاكل اللي بتواجه الإنسان في العصر الحديث من وجهة نظرك؟

ت  إزاي ممكن الإنسان يقضي على المشاكل دي؟

**٢ - وصّل الكلمة بعكسها:**

| | |
|---|---|
| مكبوت | قسوة |
| خد | إدّى |
| أصل | فرع |
| رحمة | منطلق |

**٣ - كمّل الجمل دي بكلمات من عندك:**

أ  الأرض هي ______ بيدور حول الشّمس.

ب  ______ يتكون من سبع قارات.

ت  صاحبي ______ عشان باباه مات السنة اللي فاتت.

ث  ______ عمل المكتبة من الساعة ١٠ الصبح لحد ١٠ بالليل.

ج  ______ المصريين القدماء حوالي ١٠٠ هرم.

**٤ - استخرج من النّصّ:**

٣ أسماء فاعل - ٤ أسماء مفعول - ٥ أفعال ماضية

**٥ - اختار الإجابة الصحيحة من بين الأقواس:**

أ  كل فاكهة بتظهر في ______ .
(أوانها – زمانها – عصرها)

ب  عالم طيّار يعني ______ .
(بيطير – متقلّب – بيدور)

ت الإنسان لمّا بيشتغل بيحسّ إنه حقّق _____ في الحياة.
(مكانه – كيانه – زمانه)

ث لو مياه النّهر بتغرّق الأرض اللي حواليه ممكن نبني _____ .
(حيطة – سور – سدّ)

ج كل الفلاسفة كانوا بيبحثوا عن _____ للحياة.
(سبب – معنى – مشكلة)

ح الكلب ده شكله كبير قوي _____ أسد.
(كأنّه – لأنّه – زي ما)

خ الشّرطة أخيرًا لقت _____ الطيّارة المفقودة.
(حادثة – طيّار – حطام)

د مشكلة الشّباب _____ في المجتمعات المنغلقة الرّجعية محتاجة لحلول جذرية.
(المتحرّرين – المكبوتين – المحظوظين).

## ٦ - صحّح أو غيّر الكلمات اللي فوق الخطّ في الجمل دي:

أ طبقًا لنظرية دارون في التطوّر الإنسان <u>جوهره</u> حيوان.

ب أنا هأسّس دار <u>مسنين</u> لرعاية الأطفال اللي فقدوا آباءهم وأمهاتهم.

ت دراع صاحبي <u>موجود</u> عشان اتجرح في الحرب جرح فظيع.

ث لمّا بقت عيلتي عشر أفراد <u>وسعت</u> بينا الشقة وكان لازم ننقل لشقة أكبر.

ج محفظتها <u>تاهت</u> إمبارح وفيها البطاقة بتاعتها.

## ٧ - حطّ الكلمات دي في جمل من عندك:
محصور – مبتور – حطام – مطوي – أوان

## ٨ - ناقش المدرّس في رأيك في موضوع الأغنية.

عاشق الرّوح

ليه ليه ليه ليه
ليه ليه ليه ليه
ليه ؟

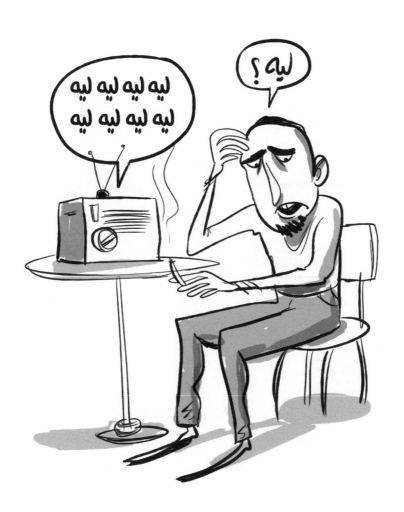

# ٢٠
## عاشق الرّوح
### ١٩٤٩

كلمات: حسين السّيد – ألحان وغناء: محمد عبد الوهاب

ليه ليه ليه يا عين ليلي طال؟

ليه ليه ليه يا عين دمعي سال؟

يا عيوني حبايبي ليه هجروني؟

ليه يناموا وإنتي تصحي ياعيوني ... ليه ليه؟

يا ليل عيني اشتكت من طول سهادي يا ليل

والكاس في إيدي اتملت من دمع عيني يا ليل

وكام من فجر صحّيته وصحّاني على عهودي!

وحتّى العين في غفلتها بتصحى دموعها في خدودي

تسبّح في الفضا شاغل شغلني عن حطب عودي

وهبت وجودي علشانه وعمري ما عشت لوجودي

ضحيت هنايا فداه، اشهد عليه يا ليل!

وهاعيش على ذكراه، اشهد عليه يا ليل!

هايم على دنياه زي الضّحى والليل

وكل ده وإنت مش داري يا ناسيني وأنا جنبك

حاولت كتير أبوح وأشكي وأقرّب شكوتي منّك

لقيتك في السّما عالي وأنا في الأرض مش طايلك

حضنت الشّكوى في قلبي وفطمت الرّوح على أملك

عشقت الحبّ في معبد بنيته بروحي وكياني

وخلّيت الأمل راهب مالوش عندي أمل تاني

أنوّر شمعتي لغيري ونارها كاوية أحضاني
وأبيع روحي فدا روحي وأنا راضي بحرماني
وعشق الرّوح مالوش آخر لكن عشق الجسد فاني

# المفردات

| | |
|---|---|
| eye | عين ج. عُيون (مؤنثة) |
| to be long | طال، يُطول، طول |
| tear | دَمْعة ج. دَمْع/دَمْعات/دُموع |
| to flow | سال، يِسيل، سيل/سُيولة |
| beloved, darling | حَبيب ج. أَحْبّاء/حَبايِب |
| to abandon | هَجَر، يُهْجُر، هَجْر |
| to sleep | نام، يِنام، نوم |
| to wake up | صِحي، يِصْحى، صَحَيان |
| night | ليل |
| to complain | اشْتَكى، يِشْتِكي، شَكْوى |
| length | طول |
| sleeplessness, insomnia | سُهاد = أَرَق |
| cup | كاس ج. كُؤوس/كاسات |
| hand | إيد ج. أيادي (مؤنثة) |
| to be filled | اِتْملى، يِتْملي |
| dawn | فَجْر |
| to wake someone up | صَحّى، يِصَحّي، صحيان |
| pledge | عَهْد ج. عُهود |
| light sleep, slumber, oblivion | غَفْلة |
| cheek | خَد ج. خُدود |
| to praise | سَبَّح، يِسَبَّح، تَسْبيح |
| space | فَضاء |
| to distract, to occupy | شَغَل، يِشْغل |
| firewood | حَطَب |
| rod, shaft | عود |
| to grant, to devote, to dedicate | وَهَب، يوْهِب |

| | |
|---|---|
| presence, existence | وُجود |
| to sacrifice | ضَحّى، يِضَحّي، تَضْحية |
| happiness | هَناء |
| redemption | فداء |
| to live | عاش، يِعيش، عيشة |
| memory | ذِكْرى ج. ذِكْرَيات |
| to witness | شَهَد، يِشْهَد، شَهادة |
| to wander, to fall in love | هام، يِهيم، هَيام |
| world | دُنْيا |
| forenoon, morning | ضُحى |
| to know, to be aware | دَرى، يِدْري، دِراية |
| to forget | نِسي، يِنْسى، نَسَيان |
| next to, beside | جَنْب |
| to try | حاوِل، يِحاوِل، مُحاوْلة |
| many, much | كتير |
| to confess | باح، يُبوح |
| to complain | شَكى، يِشْكي، شَكْوى |
| to bring close, to get close to | قَرَّب، يِقَرَّب، تَقْريب |
| complaint | شَكْوى ج. شَكاوي |
| to find | قى، يِلْقى |
| sky, heaven | سَماء ج. سَماوات (مؤنثة) |
| to rise | علي، يِعْلى، علو |
| earth, land, ground | أَرْض ج. أَراضي (مؤنثة) |
| to embrace, to hug | حَضَن، يُحْضُن، حُضْن |
| to wean, to detach from a custom | فَطَم، يُفْطِم، فِطام |
| soul, spirit | روح ج. أَرْواح (مؤنثة) |
| hope | أَمَل ج. آمال |
| love, passion | عِشْق = حُبّ |

| | |
|---|---|
| مَعْبَد ج. مَعابِد | temple |
| بَنى، يِبْني، بُنى | to build |
| كَيان | being, entity |
| خَلّى، يِخَلّي | to make/let someone do something |
| راهِب ج. رُهْبان | monk |
| نَوَّر، يِنَوَّر، تَنْوير | to light |
| شَمْعة ج. شَمْع/شَمْعات/شُموع | candle |
| غيري | someone else |
| نار ج. نيران | fire |
| كَوى، يِكْوي، كَوْي | to burn, to cauterize, to iron |
| باع، يِبيع، بيع | to sell |
| رِضي، يِرْضى، رِضى | to be satisfied |
| حِرْمان | deprivation |
| جَسَد ج. أَجساد | body |
| فاني | mortal |

## التعليق

غنّى محمد عبد الوهاب قصيدة "عاشق الرّوح" من ألحانه وكلمات حسين السّيد في فيلم "غزل البنات" بطولة نجيب الريحاني وليلى مراد، إنتاج سنة ١٩٤٩. وتُعتبر الأغنية دي من الأغاني الرومانسية اللي بتعبّر عن الحب الأفلاطوني.

وموضوع الفيلم هو حبّ راجل كبير بيشتغل مدرّس عربي اسمه حمام لبنت باشا غنيّة اسمها ليلى وبيدرّس لها دروس خاصّة في اللغة العربيّة، وهو حبّ يائس طبعًا لأن البطل أكبر منها بكتير، وهيّ أكيد هتحبّ شاب في سنّها زي ما هيحصل فعلًا في الفيلم، عشان كده هنشوف بطل الفيلم وهو بيبكي أثناء ما بيغنّي محمد عبد الوهاب الأغنيّة في الفيلم. بطل الفيلم كان محروم من أي متعة قبل ما يقابل البنت دي ولما شافها حسّ تجاهها بمشاعر جميلة. حسّ إنها زي أخته وبنته وصديقته، وتمنّى تكون حبيبته وحبّ تكون ليه وماحدش ياخدها منه. والمشاعر اللي حسّ بيها دي كانت مشاعر جواه بس ماحاولش يظهرها، ولا كان أناني في التعامل معاها. ولمّا ظهر الشّاب اللي هتحبّه هينسحب من حياتها في هدوء وهو عارف إن ده مصير علاقته بيها اللي

أكيد لازم تنتهي في يوم من الأيام، وإن مشاعره هتعيش جواه بس ملكه وحده زي ما اتخلقت جواه وكبرت ونمت كمشاعر راقية وجميلة هو وحده اللي بيحسّ بيها ويفرح ويتألم بيها.

جو النّصّ حزين جدًا، فالشاعر بيشتكي لعينه من حبيبته اللي سابته وبيشرح بعد كده إنّه بيبكي من هجر حبيبته ليه، وإنه مابقاش بيعيش حياته بطريقة عادية، فهو يكاد يكون عايش حياته كلها بيفكّر في حبيبته، مشغول بيها دايمًا، دلوقتي هو مش سعيد، بالليل بيقعد يفكّر ومابيعرفش ينام من كتر التّفكير. حاول يعترف لحبيبته بحبّه ليها لكن حسّ إنها بعيدة جدًا عنه فمش هتفهمه أو مش هتحسّ بيه أصلًا، فكتم مشاعره في قلبه ومابقاش يأمل إنه يكون مع حبيبته أبدًا، فهو زهد في أي أمل في الحبّ ده، لدرجة إنه بقى راضي يعيش محروم، واكتفى بالمشاعر الجميلة اللي بيكنّها لحبيبته، وأنهى الشّاعر قصيدته بحكمة وهي إن حبّ الرّوح خالد وباقي أمّا حبّ الجسد فشيء فاني بيموت زي الحاجات المادية لُه نهاية. وهو ده اللي هيعيش عليه الشّاعر طول حياته.

أسلوب الشّاعر راقي وجميل جدًا، بيستخدم صور جميلة، وكلمات عميقة بتعبّر بصدق عن مشاعره القويّة تجاه حبيبته.

## ملاحظات

**ليه يا عين:** في الأغاني العربيّة خاصّةً القديمة منها عادةً يخاطب الشّاعر عينه ويشكي لها أو يحكي لها عن حبّه وهجر حبيبته ليه كأنّها صديق.

**ليلي طال:** ارتباط العين بالليل في بيت واحد قديم جدًا في العامية المصرية. وكان فيه نوع من الأغاني اسمه الموّال، بيكرّر فيه المطرب أو المطربة مقطع "يا ليل يا عين" أكتر من عشر مرّات بطرق مختلفة أو ألحان مختلفة.

**حبايبي ليه هجروني:** هو يقصد حبيب واحد طبعًا، بس التّعبير عن الحبيب بصيغة الجمع ممكن. فبيسأل الشّاعر ليه حبيبته سابته.

**سهادي:** سُهاد كلمة من العربيّة الفصحى بمعنى أرق، كانت بتُستخدم كتير في الأغاني القديمة، دلوقتي نادرًا إنك تسمع حد بيقولها في كلامه وممكن ماتسمعهاش خالص.

**الكاس في إيدي امتلت:** الكاس في الفصحى مؤنثة وتُنطق بالهمزة "كأس،" وفي العامية مذكرة، وفي الشعر مسموح للشاعر يخلّيها مؤنثة اعتمادًا على الفصحى.

**كام من فجر صحّيته:** شبّه الشّاعر الفجر كأنه إنسان بيصحيه، وتشبيه الظّواهر الطّبيعية والأشياء المعنوية بالإنسان اسمه تجسيد معنوي وهو صورة بلاغيّة شائعة جدًا في الشّعر العربي الفصيح والعامّي. وهو يقصد إن كذا فجر صحيت فيه أو أيام كتير صحيت في الفجر.

**صحّاني على عهودي:** الفجر صحّاني يعني فكرني ونبهني لعهودي.

**حتّى العين في غفلتها:** وأنا نايم أو على وشك النّوم.

**بتصحى دموعها في خدودي:** الدّموع تصحى يعني تفيض من عينه أثناء البكاء وهو يقصد بابكي وبتنزل الدّموع على خدودي.

**تسبّح في الفضا:** كلمة التّسبيح في الغالب بتُستخدم مع الإله زي: "المؤمن بيسبّح الله" يعني بيحمده ويقدّسه. وممكن تُستخدم مع الحبيب على سبيل المبالغة الشّعرية. فهو يقصد إنه بيفكّر كتير في حبيبه وهو لوحده، وبيحسّ قد إيه بيحبّه وقد إيه حبيبه جميل وجدير بالحبّ ده.

**شغلني عن حطب عودي:** يقصد الشّاعر بكلمة "عودي" جسمي، وذكر كلمة "حطب" دليل على إنه جسمه بيحترق حبًا وألمًا، ممكن يكون الشّاعر بيقصد هنا شغلني عن حياتي الخاصّة أو العاديّة، خاصةً إنه بيقول بعد كده "وهبت وجودي علشانه."

**ضحّيت هنايا فداه:** ضحّيت بسعادتي وراحتي عشانه أو من أجله.

**فضا وفدا وهنا:** أصلها فضاء وفداء وهناء، بس تخفيف الكلمة بحذف الهمزة شائع في العامية.

**اشهد عليه يا ليل:** اشهد يعني شوف إيه اللي بيحصل واذكره إذا طلبت منك، وهنا فيه تجسيد لليل كأنّه إنسان. فالشّاعر يقصد إنت يا ليل اللي موجود معايا وشايف حبيبي بيعمل إيه معايا، ماحدش غيرك عارف إيه اللي بيحصل لي.

**هايم على دنياه زي الضّحى والليل:** هايم يعني ماشي من غير هدف، "هايم على دنياه" يعني عايش حياته هو مش حياتي أنا، كأنّي بادور في عالمه زي الضّحى (الصّبح) والليل في تعاقبهم في الكون.

**حاولت كتير أبوح وأشكي:** باح يعني صرّح باللي في قلبه أو باللي بيدور في ذهنه. غالبًا في الشّعر القديم بيذكر المحبّ إنه مايقدرش يعلن حبّه للمحبوب أو للنّاس عشان خايف حبيبه يقسى عليه أو يهمله والنّاس تسخر منه وتتريق عليه، أو بس تتكلّم عنه بطريقه سلبية.

**لقيتك في السّما عالي:** لقيتك بعيد جدًا عنّي. شعور المحبّ إنه أقل من حبيبه أو إن حبيبه بعيد عنّه جدًا كأنه في السّما شائع قوي في الأغاني العربيّة، وكلمة سما تخفيف لسماء.

**فطمت روحي على أملك:** الفِطام يعني إنك تمنع حد من عادة كنت إنت عوّدته عليها، أكتر موضوع بتُستخدم فيه الكلمة دي هو فطام الرّضيع عن الرّضاعة، يعني تبطّل الأم ترضّع طفلها لأنه كبر على الرّضاعة أو لأي سبب تاني. و"فطمت روحي على أملك" يعني مابقاش عندي أمل في وجودك جنبي.

**أبيع روحي فدا روحي:** يعني أضحّي وأقدّم روحى وحياتي لحبيبي، فكلمة روحي الأولى معناها حرفي، وروحى التّانية مقصود بيها حبيبه.

# التدريبات

**١ - أسئلة الفهم والاستيعاب:**

أ الشّاعر بيعاني من إيه؟

ب إيه أسمى حاجة عند الشّاعر؟

ت إزاي وصف الشّاعر حزنه؟

ث لو كنت مكان الشّاعر كنت هتعمل إيه؟

ج الشّاعر بيحب نفسه أكتر ولا حبيبته أكتر؟ وإيه الدّليل؟

**٢ - وصّل الكلمة بعكسها:**

| | |
|---|---|
| نهار | كتير |
| أرض | هناء |
| صحي | ناسي |
| فاكر | أعيش |
| أموت | أمل |
| قليّل | ليل |
| واطي | حبّ |
| فضي | روح |
| كره | نام |
| جسم | عالي |
| يأس | سماء |
| شقاء | اتملى |

**٣ - كمّل الجمل دي بكلمات من عندك:**

أ أنا كل يوم بانام السّاعة ١٢ بالليل و________ السّاعة ٨ الصّبح.

ب باحبّ أشرب البيرة في ________ مش في كوباية عادية.

ت أول ما شفت بابا بعد غياب سنتين بُسته و ________.

ث بحبّ أصحى كل يوم السّاعة ٤ ________ عشان أبدأ اليوم من أوله.

ج الشّبّاك عالي، مش عارف أفتحه عشان مش ________.

**٤ - استخرج من النّصّ:**

**٥ أفعال في الماضي - ٤ أفعال في المضارع - فعل في الأمر**

**٥ - اختار الإجابة الصحيحة من بين الأقواس:**

أ ابني مش جاي له نوم النّهاردة خالص، يظهر عنده ______.
(أرق – فرح – قلق)

ب أنا عمري ما ______ روما، يمكن أروحها الصّيف الجاي.
(أروح – رحت – هاروح)

ت أخويا بيشتغل مدرس، هو ______ حياته كلها للعلم.
(وهب – لقى – حبّ)

ث أنا باحبّك قوي يا نادية، مستعد ______ بكل حاجة علشانك.
(ألعب – أضحّي – أحضن)

ج ______ في كل الأديان مش ممكن يتجوّز.
(رجل الدّين – الرّاهب – المتديّن)

ح النّاس مابتحبّش الشّخص اللي ______ كتير.
(بيشتكي – بيحكي – بيفكّر)

خ زرت كل مدن مصر ______ أسوان.
(و – حتّى – كمان)

د عمرها ما ______ إيطاليا.
(راحتش – ما راحت – راحت)

ذ الشّمس ______ التّلج يسيح.
(جعلت – خلّت – عملت)

ر إنت عمرك لبست قميص من غير ما ______؟
(تكويه – تشتريه – تبيعه)

ز بعض النّاس مابيرضوش ______ قدرهم.
(بـ - لـ - في)

س النّاس زمان كانت فاكرة المحيط الأطلنطي واسع جدًا و ______ آخر.
(معهوش – مالوش – مافيهوش)

ش ............ الجسد فاني.

(بعشق – عشق – هعشق)

**٦ - صحّح أو غيّر الكلمات اللي فوق الخطّ في الجمل دي:**

أ الطّلاب اشتكوا من متأخرين المدرسين.

ب دراستي للماجيستير شغلتني على الشّغل بتاعي.

ت أنا وهبت كل وقتي بعد أولادي.

ث عمري ما هاشرب خمرة قبل كده.

ج كل النّاس شهدت عن إنه هو الحرامي.

ح الأم ضربت ابنها لما بلغ سنتين وبقت تشرّبه لبن بودرة.

خ المسيحي المتدين اللي بيعيش في دير ومابيتجوزش اسمه شيخ.

د عشق الجسد فناء.

ذ أنا لسّه فاكر كل حاجة عن علاقتي بيها زمان وهيّ بتنسى كل حاجة.

ر هاني حاول بيفتح الشّباك لكن ماعرفش.

**٧ - حطّ علامة صح أو غلط قدّام الجمل دي:**

أ الشّاعر مابكاش ولا مرة في قصّة حبّه. ( )

ب الشّاعر كان بيعاني من الأرق. ( )

ت حبيبة الشّاعر كانت عايشة معاه. ( )

ث حبيبة الشّاعر كانت عارفة كل حاجة عنه. ( )

ج في رأي الشّاعر عشق الجسد أهم حاجة في الحياة. ( )

**٨ - حطّ الكلمات دي في جمل من عندك:**

عمري ما – كاس – شكوى – فطمت – عهودي – خدودي

**٩ - ناقش أفكار الأغنية مع المدرّس والطّلبة في الفصل، ووضّح رأيك في تعبيرات وأفكار الشّاعر، وإذا كنت مُتّفق مع عشق الرّوح بس، وتضحية الشّاعر بحياته عشان حبيبه.**

# English Translations of the Songs

## 1. He Told Me

Love touched us gently,

Love opened our eyes,

He told me some words, the sweetest words,

they won't let me sleep,

What did he tell me?

He said: "Your eyes, sweetie, fascinate me."

He said: "Your words are like pure honey."

He said: "I will never be able to bear your absence."

What did he tell me?

He said, "Come with me, sweetie,

Let's stay up all night and rejoice, you are my happiness."

What did he tell me?

He said: "You're my sunshine,

You're the one who, filled my life."

He told me some words, the sweetest words,

they won't let me sleep.

### 2. One Thousand and One Nights

One thousand and one nights,
one story every night.
Tell the story, Shahrazad,
Tell it to Shahrayar,
Keep him busy all night.
till the dawn of day
Confuse his mind,
alter his state,
keep his mind constantly
in a state of bedazzlement.
Tell the story, Shahrazad.
Tell the story, Shahrazad.
One thousand and one nights,
one story every night.
One thousand and one nights,
one story every night.
Start from the beginning of the story,
keep him waiting
till the end.
He would ask about the rest of this story,
never let it end, girl.
Tell the story, Shahrazad.
Tell the story, Shahrazad.
Tell the story, Shahrazad.
One thousand and one nights,
one story every night.

### 3. I Love You Instead of You

I love you as much as your mind could ever believe,
As much as you can dream and your imagination can reach,
And more than you can love yourself,
I love you more, I love you instead of you.
I love you, endear you, and keep you in my eye,
and I'm solicitous of the love between you and I,
and I'm afraid of the eyes of the censurers on us,
and keep them away by hands of love which are in our eyes,
so that you are safe and sound, and I live in your company,
and that I can assure your life, and achieve what you hope for.
I really love you as much as my soul and my life,
and my great love made my silence speak,
speak through my heart, my eye's blink,
my hand's tremble when we shake hands,
and before you call, you will find me beside you,
and before you ask, I will answer your question.

### 4. You're Beautiful, My Country

A few beautiful words:
You're beautiful, my country.
A few beautiful songs:
You're beautiful, my country.
I've always hoped to return to you, my country,
and stay beside you always and forever.
Memories of everything that has passed,
do you remember, my country?

My heart is full of stories,

do you remember, my country?

My first love was in my country,

I'll never forget it, my country.

Where are the old times, before we said goodbye?

We used to say that we'd never part,

and each tear running

down my cheek

was full of hope

that we would remain there,

in the sea of love, on the shores.

A few beautiful words:

You're beautiful, my country.

A few beautiful songs:

You're beautiful, my country.

Where is my sweetheart, my country?

He was so far from me, my country,

and whenever I sing, I think of him.

Tell me, darling,

where are you going, leaving me behind?

We'll both sing this

most beautiful tune.

The words "my country" are so beautiful

in a song between two lines.

A few beautiful words:

You're beautiful, my country.

A few beautiful songs:

You're beautiful, my country.

I've always hoped to return

to you, my country,

and stay beside you always and forever

You're pretty, my country.

You're beautiful, my country.


### 5. Shica Bica


Shica bica, politica, and  antique pranks,

don't be upset or sad.

You should still laugh, buddy,

ha ha ha ha at shica bica.

I'm genuinely laughing, guys,

even though I have lost my lighter,

and they stole my ID with my jacket,

and to make it worse they stole the hanger, too.

I started to shiver with cold, but I'm still laughing.

Laughter is music,

electricity, and mechanics.

laugh at shica bica,

ha ha ha ha at shica bica.

I've also lost another important thing,

too important to mention.

My heart is tickling itself

to wipe off the frown.

Pray that it will forget it and laugh.

Laughter is music,

electricity, and mechanics.

Laugh at shica bica,

ha ha ha ha at shica bica.
You will ask me what shica bica is.
it's the funny business.
separation, heartache, sinking,
and tomfoolery with the nuclear bomb,
So instead of exploding we should laugh,
laughter is music,
electricity, and mechanics.
laugh at shica bica,
ha ha ha ha at shica bica.

## 6. The Navy-Blue School Uniform

Oh, girl in the navy-blue school uniform,
like a shining sun rising from the collar,
am I allowed or forbidden
to praise your beauty?
I like to write poetry about the beautiful ones,
and I openly express my admiration for them,
and if I start with your sweet tiny lips,
seven divans won't be enough.
You're an angel, a fairy, a lady of beauty.
I like your wandering within your dreams,
I like the belt tightening your waist,
I like how you embrace your books.
Girls are going back and forth.
Who can match the beauty of my daughter?
And the prettiest thing about you, my daughter,
is the maternal tenderness in your eyes.

## 7. The Night Was Over

The night was over, the dawn arose, and the sparrow chirped.
He saw the cat and said "bes-bes," and she answered, "meow-meow."
His mother told him: "Leave the cat alone."
He skipped school, threw his notebook away, and started to provoke her.
So the cat scratched his hand when he grasped her tail,
and this is what happens if we don't do as mom says.
The night was over, the dawn arose, and the sparrow chirped.
He saw the cat and said "bes-bes," and she answered "meow-meow."
My teacher told me that Fifi, the beautiful girl, was mad at Sousou.
He went to make it up to her and kissed her, but she swore she would never kiss him. She got the ink and smeared it all over her hand,
then she tiptoed close to him,
and wiped her hand on his face pretending she was playing with him.
Sousou hit her, took the ink-pot from her hand, and spilt it on her dress,
and their father saw them and beat them both.
The night was over, the dawn arose, and the sparrow chirped,.
He saw the cat and said "bes-bes," and she answered, "meow-meow."
I promise I will come to you and light all candles one by one,
until the baby grows up and goes to university.
Mimi will be a doctor and So'ad will be a doctor, and we pray for you.
Salah will be a lawyer, and Toutou a judge to reconcile you.
Tomorrow Essam will be an officer to defend you.
He will sacrifice his life for the Nile Valley, that life which came from you.
The night was over, the dawn rose, and the bird chirped,
He saw the cat and said "bes-bes," and she answered, "meow-meow."

## 8. I hate you

I hate you ... I hate you, I don't know why I hate you,
and if they put a noose around my neck, I would still hate you.
I hate the breeze which I see passing by your side,
and I hate the rose which I know you like.
I hate the sun just because you are walking in its shadow,
and I hate the world if you are really one of its people.
Goodnight, and here are the stars witnessing and listening.
Goodnight, and I hope you won't wake up to see the next day.
I hate you ... I hate you, I don't know why I hate you,
and if they put a noose around my neck, I would still hate you.
If your image passed before my eyes, I would hate my eyes because of you,
and if your absence lasts long, I would give up my life to keep you
away.
By God who knows how much I suffer, if I receive news of your death
— if they say "He's dead,"
I will pay musicians to play out of my own pocket and serve sherbet in
your funeral.
Goodnight, and here are the stars witnessing and listening.
Goodnight, and I hope you won't wake up to see the next day.
I hate you ... I hate you, I don't know why I hate you.

## 9. Love Is Beautiful

Love is beautiful for those living it.
It has many signs, ask me about them.
It passes by the eyes and wakes them from the deepest sleep.

It passes by the soul and flies it around the world in a day,

and when the heart is about to rejoice,

when I find him sitting beside me,

my sweet hopes swing at the beat of his heart with my heart,

and if my darling leaves or isn't there,

me and my thoughts keep blaming each other.

For those who are preoccupied with their love, their pain is comfort

and their comfort is pain.

Those who have fond lovers

are not at peace or carefree,

and the wounds of those who have

no luck in love don't heal either.

When he goes away for a while, I rejoice and anticipate

the joy of our meeting if he comes back one day,

and when he comes back to reconcile, I cry and fear

that he may leave me again.

## 10. I Love You

I love you, I love you, and I'd give up my dear ones for your love.

I'd never deny it, and I say it in your presence and in your absence.

I love you, I love you, I love you.

I'd give my youth as a gift of love,

and if you ask for my life I'd say it's not enough,

and I offer my heart, my soul, and my eyes,

and I wouldn't care about my family and friends.

I'd gladly be the victim of your love,

as long as I am close to you and dwelling in your heart.

I love you, I love you, I love you.,

Our love story was such a story.

I have seen the sign of love in your eyes,

and I have seen the beauty of the beginning in your tenderness,

and I'm afraid, my love, that you'll leave me in the end,

and disappoint me at the end of the story,

and I will tell you not to be so heartless when you are distant or close to me.

I love you, I love you, I love you.

Saying I love you relieves my pain,

you're the joy in my eyes and the secret of my smile.

If I am dreaming in an ecstasy of love,

don't be cruel and let me dream.

I close my eyes and see you lighting up my darkness

and I meet with gentle blame, and I sing of our love.

I love you, I love you, I love you.


## 11. He Lives Next Door


He lives next door and I love him and I hope I will meet him.

I thought of confessing my love to him but I could never tell him.

I have been waiting for days when he stays up late and when he comes
back home.

With each step my dreams grow in my heart and my heart keeps
having higher hopes.

I say to myself one day he will know how I feel if he comes my way
and we shake hands.

He will find his image dwelling in my eyes and he will feel it in my
shivering hands.

I feel my love for him, growing with time,

I wish my heart wasn't so small.

At night my hopes bring me closer to my darling who lives next door.

One day I woke up at the sound of a wedding party.

I looked out of the window:

decorations, congratulations, and a lot of people were moving around here and there.

They waved at me and said: "We hope you will be next"

I shouted with joy and asked who is getting married, they said: "Your neighbor."

My darling who lives next door, the one I love.

I went to the party in the evening pretending to be happy,

and saw him removing her veil with his hands and eyes.

I drank the sherbet while watching them,

until they started to leave and I walked them to the door.

I don't even have the right to hope.

After this night, he belongs to someone else.

I got lost in the crowd and no one noticed me.

I wanted to run away and get lost again, but people keep telling me to be careful.

They are on a path lit with joy and candles,

but I am on a deserted path lit with tears.

I found myself passing by his door.

He is not aware of my heart and what happened.

How I will suffer from his long absence,

How painful my days will be,

That pain which he left to me.

He dwells within my heart and he lives next door and I love him.

My darling lives next door and I love him.

## 12. Oh My Darling, You Philosopher

She: Oh my darling, you philosopher,
admiring me behind your glasses,
I can't love you, how embarrassing,
unless you teach me first.
Teach me, teach me, teach me.
He: What should I teach you, Bahiyya,
you wild flower?
Flowers have never been taught
the art of colors.
They fascinate us just as they are, they are fascinating with their
enchanting beauty.
She: Fascination wears off,
as they say nowadays,
and the sun dissolves last night's promises,
and everything returns to its original state.
Teach me so that, when the dream is over,
you don't say:
"How can I love such a girl? No way!"
But if I learn, what a difference that'll make!
Do you see what I mean? Well then, teach me.
Teach me everything you've read
and put on these shelves.
Excuse me, there's a wall between us.
If I knew what it was, I could remove it,
then I would cross it to be with to you,
make you proud among your colleagues,
and live with you in your beautiful world,

and my heart would build its home there.
Do you see what I mean? Well then, teach me.
Oh my goodness, oh my goodness,
oh my goodness, how beautiful knowledge is!
The parrot has learned the lesson
and became an excellent translator.
Man: Oh goodness, oh goodness.
He: In exams
people are either dignified or offended,
and the wild flower called Bahiyya
has passed with excellent grades
and here's the certificate.
She: Oh my darling, you philosopher,
admiring me behind your glasses,
I love you without any shame,
and I hope you'll keep on teaching me.
Teach me, teach me, teach me.


## 13. With My Hands in My Pockets

With my hands in my pockets, my heart is full of happiness.
I'm wandering in forlornness but I'm not forlorn.
Alone but amused, I'm just roaming,
not knowing whether I'm moving away or getting closer.

### 14. I Love You More Than My Soul

I love you more than my soul, really I love you more,
and my love for you is immeasurable.
No language in the world can express my love for you,
and singing, "I love you, I love you more than my soul"
is just a small token of my great love.
I love you more than my soul.
Imagine the flowers' love for the spring which comes to adorn and
scent the world;
the trees' love for their branches, for the dripping morning dew;
the love of the birds in their nests for their little chicks until they
grow up;
the butterflies' love of flying, glowing at a glimmer of light.
Imagine all that and you will find that I love more,
I love you more than my soul.
Imagine the poet's love for the meaning, the painter's love for the
view,
the curlew's love for singing at night while its mate awaits,
and imagine the love of those staying up all night for the star keeping
them company,
the love people have for the breeze in the hot summer.
Imagine all that and you will find that I love more,
I love you more than my soul.
Imagine the love of the faithful for their beloved, a love which never
changes,
the love of the believer for their fate, destiny, and fortunes,
imagine the human beings' love for their existence when they feel that
their life is getting shorter,

the young people's love for their hope, the children's love for sugar.

imagine all that and you will find that I love more,

I love you more than my soul.

## 15. Tomorrow, She Said

Tomorrow, she said, and now it's tomorrow.

If she keeps her promise, then she won't leave me.

If she breaks her promise, I won't say that she forgot me,

I'll say that tomorrow hasn't come yet,

and I'll wait till tomorrow, why not?

Why does my heart feel confused already?

Why can't hope pity me for once?

Or is this promised sweet pleasure too much to ask?

Perhaps she'll keep her promise and come,

and prove my fears wrong.

Oh dawn, why did you come so early?

You should've waited for my dawn to come

I wish you had waited for a while, I would have introduced her to you,

then you would have seen the real dawn

in her cheeks and eyes.

If you had seen and known her,

your beauty would have got lost in her beauty.

Soon she will come,

even if takes her a year.

Soon she will come.

This is her promise, her own promise.

### 16. You're My Lifetime

Your eyes brought the lost days back to me;
they have taught me to regret the past and its wounds.
What I've seen before my eyes saw you
is a lost lifetime; how do they count it?
You are my lifetime, its morning starts with your light.
How many years have passed before I met you?
Darling, how many years passed?
My heart had never known joy before I met you,
and had never known anything other than the taste of wounds.
Only now have I started to love my life,
only now have I started to fear that it would slip by.
Each imagined joy that I've longed for before,
my heart and mind have found within the light of your eyes.
You're the life of my heart, more precious than my life.
Why didn't your love find me earlier, darling?
What I've seen before my eyes saw you
is a lost lifetime; how do they count it?
You are my lifetime, its morning starts with your light.
My heart has been saving the sweet nights,
the desire, and the affection for you for a long time.
Let's taste love, taste it bit by bit,
with my heart's affection which has longed for your affection.
Let my eyes wander in the world of your eyes;
give me your hands so that my hands can rest with their touch.
My darling, come to me, let's not lose any more time,
Haven't we lost enough already?
What I've seen before my eyes saw you

is a lost lifetime; how do they count it?

You are my lifetime, its morning starts with your light.

You're more precious than my days, you're sweeter than my dreams.

Take me to your affection, take me away from the world

far away, you and me, far away, just you and me,

to wake up to love, to sleep with desire.

You made me reconcile my days, you made me forgive time,

you have made me forget my pains, and I forgot the sorrows with you.


## 17. Honey and Tears


Under the same sun, on the same ground,

we are all running after the same mirage.

We all descend from the same mother, the same father,

the same blood, but we feel alienated.

The truth is like a fire that keeps on burning under the ashes.

In its light, I find the way to my dream and my fantasies.

Love bursts life into inanimate objects,

and with the love I bear I shall withstand the nights.

No matter how much this alienating time tries to break us,

we will achieve our dream no matter how much we lose,

as long as others enjoy our abundance, even if we depart,

we will not be forgotten.

### 18. By Paper and Pen

By paper and pen, you've slapped me a hundred times.
You've shown me indignity and oppression.
How can you be so welcoming to foreigners
while you greet your natives with such a grim face?
Do you know the blackness of molasses?
That is how you are.
Tell me how can you go on despite all that's happened here?
You're such an obstinate country, full of contradictions.
How do I still see hope in you, even though I've reached the end of
my patience?
This country pushes you away while it hugs you, and that's what
makes you crazy.
You don't know whether you're living in this country or it's the one
living inside you.
It robs you and lends you money, it oppresses you and also supports
you.
How do you embrace us all while you are like that?

### 19. Another Planet

I refuse this time, this age, this place.
I want to live on another planet,
in another world, where there's still hope,
where humans are still human, still helping each other.
My world keeps spinning and the storms are strong,
they destroy my existence and keep breaking me.

Without warning they take me far away
from the meaning of my life, from my origin and my essence,
and there is nothing I can do.
There is an impossibly high and dreadful barrier,
between me and myself, between my spirit and my body, between
today and yesterday,
and all that I've hoped for and built is gone with the wind,
and there is nothing I can do.
In my heart there are restricted and suppressed dreams,
and wrecks of broken and orphaned thoughts,
and twisted hopes that keep struggling inside me,
as if my time wasn't due yet.
Amongst people and the crowd, compassion and mercy are lost,
my peace is lost, even my words are lost.
This place is confining me, time is a lie.


## 20. The Lover of the Soul


Why is my night so long?
Why do my tears flow?
Why has my love abandoned me?
Why does she sleep while my eyes are awake?
My eyes have complained from the sleepless nights,
and the glass in my hand is filled up with my tears.
How many sleepless dawns have I had, remembering my pledges?
Even my slumbering eyes  wake the tears down my cheeks,
and praise in the void the one who occupied my thoughts and
distracted me from being.

I have devoted my existence to her, and I have never lived for myself.

I have sacrificed my happiness for her.

Let the night be my witness.

and I will live on this memory,

Let the night be my witness

I wander in her world like day and night.

But you don't realize any of this, you forget me while I am beside you.

I have tried many times to confess my love, to complain, and to bring my complaint closer to you,

but you're so high up in heaven, and I am on the ground, and I cannot reach you,

I have kept the complaint in my heart and weaned my soul from hope

I have worshipped love in the temple I have built with my soul and my being,

and I have turned my hope into a hopeless monk.

I light my candle for others, as its fire burns my bosom,

and I sell my soul to redeem my soul, and I am satisfied with deprivation.

The love of the soul is eternal, whereas the love of the body is mortal.

# سير المطربين والملحنين والشعراء

## أحمد شفيق كامل

اتولد في شهر نوفمبر سنة ١٩٢٣. حصل على بكالوريوس تجارة من جامعة فؤاد الأول سنة ١٩٤٩. خدم كوزير مفوض بجدة وأنقرة وإسطنبول. حصل على وسام العلوم والفنون من الطبقة الأولى من الرئيسين جمال عبد الناصر وأنور السادات عامي ١٩٦٠ و١٩٨٠. وهو من أشهر شعراء الأغنيّة العرب في القرن العشرين، اشتهر بلقب شاعر الهرمين لأنه كتب ٣ أغاني لحّنها موسيقار الأجيال محمّد عبد الوهاب وغنّتها أم كلثوم وهيّ "ليلة حب،" و"أمل حياتي،" و"أنت عمري." ولُقّب كمان بشاعر لقاء السّحاب اللي جمع كوكب الشّرق بموسيقار الأجيال لأول مرة. توفّي في أغسطس ٢٠٠٨.

## أم كلثوم

أشهر مطربة مصريّة وعربيّة على الإطلاق. اسمها الأصلى فاطمة ابراهيم البلتاجى، لُقّبت بـ "كوكب الشرق." اتولدت في محافظة الدقهليّة في شهر ديسمبر ١٩٠٤. مثلت قمّة الغناء المصري طول القرن العشرين. وأهلها للنجاح ده نشأتها الدينيّة، وحفظها للقرآن الكريم وتجويده وإنشاد المدائح النبويّة والقصائد والتّواشيح الصّوفيّة وهي في سن صغيّر مع أبوها وأخوها خالد، وكل ده ساعدها على إجادة اللغة العربيّة نطقًا وفهمًا. مثّلت فى أكتر من فيلم، زى فيلم "سلّامة،" وشاركت بصوتها بس فى فيلم "رابعة العدويّة."

غير الأغاني الرّومانسيّة والدّينيّة اللي غنّتها، غنّت كمان أناشيد وأغانى وطنيّة كتيرة ألهبت بيها حماسة المصريين ودوى صوتها مع الأحداث اللي مرت على مصر فى عصرها زي أغنية "منصورة يا ثورة أحرار" و"فرحة القنال" و"والله زمان يا سلاحي،" وغنّت "طوف وشوف" قدّام جمال عبد النّاصر. واتبرّعت بحفلات عملتها فى باريس وفي أماكن تانية للمساهمة فى المجهود الحربي بعد حرب ١٩٦٧. كرّمتها الحكومة المصريّة و إدّتها جايزة الدّولة التّقديريّة. ومن أشهر أغانيها "أمل حياتي،" و"إنت الحب،" و"أغدًا ألقاك،" و"هجرتك،" و"الحب كله."

وفي اليوم التّالت من شهر فبراير عام ١٩٧٥ انتقلت أم كلثوم إلى الرفيق الأعلى، وخرج ملايين المصريين يودّعوها في جنازة من أكبر الجنازات اللي شافتها مصر.

## بليغ حمدي

اتولد في القاهرة في ٧ أكتوبر سنة ١٩٣٤. وهو الابن الأخير لأب متخصص في علم البصريات ويجيد العزف على البيانو وأم مثقفة اتعلّم منها الأغاني الشعبيّة. إخواته هم صفيّة وأسماء والدكتور مرسي سعد الدين وحسام. كان بليغ الوحيد في العيلة اللي احترف الموسيقى. أتقن العزف على العود وهو عمره ٩ سنين بس. درس في كلية الحقوق في جامعة فؤاد الأول (جامعة القاهرة حاليًا)، لكنه وقف لحد سنة تالتة لانشغاله بالموسيقى. درس الموسيقى بشكل أكاديمي في معهد فؤاد الأول (معهد الموسيقى العربيّة دلوقتي). درس نظريات الموسيقى على يد مدرّس اسمه ميناتو ودرس البيانو على يد مدرسة اسمها جوليا وكان للدراسة دي أثر كبير في حياته الفنيّة بعد كده. لحّن أغاني لكبار المطربين والمطربات في عصره زي أم كلثوم، عبد الحليم حافظ، شادية، وردة، صباح، نجاة وغيرهم وبقى واحد من أشهر وأهم الملحنين في القرن العشرين.

عمل الموسيقى التصويريّة لأفلام ومسرحيّات ومسلسلات تليفزيونيّة وإذاعيّة كتير زي "شيء من الخوف،" "العمر لحظة،" ومسرحية "زقاق المدق" ومسلسل "بوّابة الحلواني." توفى بليغ في ١٢ سبتمبر ١٩٩٣ عن عمر يناهز ٦٢ سنة بعد صراع طويل مع مرض الكبد. وكان عنوان جريدة الأهرام في اليوم التّالي لوفاته "مات ملك الموسيقى."

## جمال سلامة

موسيقي مصري اتولد في الإسكندرية في أكتوبر ١٩٤٥. والده هو حافظ سلامة أحد رواد العزف على آلة الكلارنيت في أوركسترا القاهرة منذ إنشائه. درس الموسيقى بشكل أكاديمي في معهد الكونسيرفتوار وبعد تخرجه حصل على منحة لدراسة الموسيقى في موسكو في الاتحاد السوفيتي سنة ١٩٧٣، وحصل على أعلى مؤهل للتّخصّص عام ١٩٧٦.

في سنة ١٩٨٠ لحّن لصباح أغاني فيلم "ليلة بكى فيها القمر" وكانت من بين أغانيه أغنيّة "ساعات ... ساعات" اللي أعتبرت من أجمل أغاني صباح. لحّن جمال سلامة مجموعة من الأغاني الدينيّة اللي غنّتها ياسمين الخيّام في مقدّمة مسلسلين همّ "محمّد رسول الله" و"ساعة ولد الهدى" ونهايتها، وهي تحمل قدر كبير من التّعبير يختلف عن الغناء الديني التقليدي اللي بيستعمل الدّفوف بشكل أساسي. لحّن كمان بعض الأغاني الوطنيّة زي "مصر اليوم في عيد" من كلمات عبد الوهاب محمد وغناء شادية واتقدمت

في احتفالات عيد أكتوبر. قدم برده أغاني للأطفال أشهرها أغنيّة "أهلًا بالعيد" اللي كتبها عبد الوهاب محمد وغنّتها صفاء أبو السّعود وبتتذاع في التّليفزيون المصري في كل عيد.

عمل الموسيقى التصويرية لأفلام مهمة ومشهورة زي "أريد حلًا" و"العذاب امرأة" و"حتّى لا يطير الدخان" و"رحلة النسيان" و"أفواه وأرانب" و"الكرنك."

حصل على جائزة الدولة التشجيعية سنة ١٩٨١ عن مقطوعة موسيقية باسم "ذكريات." اتجوّز ٣ مرات، أول مرة من سيدة إسبانية وآخر مرة من سيدة مغربية. وأنجب ولد اسمه هاني.

**حسين السّيد**

شاعر غنائي مصري اتولد في اسطنبول في مارس ١٩٢١ لأب مصري وأم تركية. كتب حسين السّيد في الحب والوطنيّة لأعظم المطربين والمطربات، كمان كان رائد لأغاني الأطفال زي: "ماما زمانها جاية" و"حبيبة أمها." وكتب أغنيّة فايزة أحمد المشهورة "ست الحبايب." حصل حسين السّيد علي وسام العلوم والفنون في عيد العلم في عهد الرّئيس الرّاحل جمال عبد النّاصر. كرّمه الرئيس أنور السّادات في عيد الفن. ورحل شاعر الوجدان الكبير عن دنيانا يوم الأحد الموافق ٢٧ فبراير سنة ١٩٨٣.

**داليدا**

فنّانة ومغنيّة إيطاليّة مصريّة. اتولدت في يناير ١٩٣٣ في القاهرة لأبوين إيطاليين مهاجرين. بدأت حياتها بالمشاركة في مسابقة ملكة جمال مصر وفازت بيها سنة ١٩٤٥. بدأت حياتها الفنيّة في فرنسا وغنّت بلغات كتير زي العربي والإيطالي والعبري والفرنساوي واليوناني والإنجليزي والإسباني والألماني. في سنة ١٩٨٦ شاركت في الفيلم المصري "اليوم السّادس" من إخراج يوسف شاهين، والفيلم نجح بشكل كبير. في سنة ١٩٨٧ رحلت منتحرة بتناول جرعة زائدة من الأقراص المهدئة، وادّفَنِت في باريس.

**ريهام عبد الحكيم**

مطربة معاصرة مشهورة. اتولدت في القاهرة في يوليو ١٩٨٣. اتخرّجت من كلية الآداب قسم إنجليزي. التحقت الفنّانة بفرقة الفنان سليم سحاب بدار الأوبرا المصرية وغنّت على المسرح الكبير والصغير والمسرح المكشوف. مثّلت مرة واحدة وهي في مسلسل "أم كلثوم" وأدّت دور أم كلثوم وهيّ صغيّرة. المسلسل كان من إخراج إنعام محمد على.

**سعاد حسني**

فنّانة مصريّة راحلة. اتولدت في القاهرة في يناير ١٩٤٢. وهي أخت الفنّانة نجاة. لُقّبت بلقب "سندريلا الشّاشة العربية." كان صاحب الفضل في اكتشاف موهبتها الفنيّة الشّاعر عبد الرّحمن الخميسي، وكان أول أفلامها "حسن ونعيمة" إنتاج سنة ١٩٥٨. شاركت في حوالي ٨٢ فيلم كان من أشهرها "صغيرة على الحب" و"الكرنك" و"شفيقة ومتولي" و"أميرة حبّي أنا" و"المتوحّشة." اتجوزت أكتر من مرة وكان من أزواجها علي بدرخان وزكي فطين عبد الوهاب. حصلت على جوائز كتير، وشهادة تقدير من الرئيس الراحل أنور السّادات في عيد الفنّ سنة ١٩٧٩. تُوفيت نتيجة سقوطها من بلكونة شقّتها في حادث غامض في لندن في يونيو ٢٠٠١.

**سميرة سعيد**

مغنيّة مغربيّة عاشت في مصر. اتولدت في الرّباط في يناير سنة ١٩٥٩. تُعتبر من أهم الفنانات العربيّات المستمرّات لحد النهارده. بدأت مشوارها الفني وهي عندها ٨ سنين. قدّمت طول مشوارها الفني ٤٦ ألبوم وحوالي ٥٠٠ أغنية. منحها الملك محمد السادس وسام القائد في احتفالات عيد العرش سنة ٢٠٠٩. اتجوّزت الموسيقار هاني مهنى لكنهم انفصلوا بعد جواز دام كام سنة. خلّفت من جوزها التّاني ابنها الوحيد "شادي." اتخرّجت من كلية الآداب قسم فرنساوي في المغرب. غنّت زمان من ألحان ملحنين كبار زي حلمي بكر ومحمد سلطان ومحمد الموجي وبليغ حمدي، وغنّت حديثًا من ألحان ملحنين شباب. غنّت دويتو "يوم ورا يوم" مع الشاب مامي (فنان مشهور من الجزاير) ونجح الدويتو ده نجاح كبير.

**سيِّد حجاب**

شاعر مصري معاصر. اتولد في الدقهليّة في سبتمبر سنة ١٩٤٠. درس في كلية الهندسة جامعة القاهرة. كتب أشعار كتيرة جدًا بالعامية واشتهر بأعماله اللي قدّمها للدراما المصريّة، وكتب كمان أشعار كتير من فوازير شريهان. وغّنى من أعماله مطربين من الصّف الأول زي محمد منير وعلي الحجّار وعفاف راضي وسميرة سعيد. وكان له كتابات للأطفال في مجلات "سمير" و"ميكي." حصل على جائزة كفافيس الدّوليّة عن مجمل أعماله.

**شادية**

فنّانة مصريّة مشهورة. اتولدت في القاهرة في فبراير سنة ١٩٣٤. لقّبها الجمهور والنقّاد بدلوعة السّينما. قدّمت في حوالي ٤٠ سنة ١١٢ فيلم و١٠ مسلسلات إذاعيّة ومسرحيّة واحدة. وهي في نظر نقّاد كتير أهم فنانة شاملة في تاريخ الدّراما العربية. اتجوّزت ٣ مرات وماخلّفتش خالص. بدأت مسيرتها الفنيّة من سنة ١٩٤٧ لحد سنة ١٩٨٤. اعتزلت الفنّ لما كان عندها ٥٠ سنة وهي في عز نجوميّتها، وتفرّغت لرعاية الأطفال الأيتام. من أشهر أفلامها: "الزّوجة ١٣" و"زقاق المدق" و"لحن الوفاء" و"التّلميذة" و"مراتي مدير عام." ومن أشهر أغانيها: "الحب الحقيقي" و"بسبوسة" و"اتعوّدت عليك" و"إن راح منك يا عين" و"آه يا أسمراني اللون."

**صالح جودت**

شاعر مصري اتولد في القاهرة في دسيمبر سنة ١٩١٢. حصل على بكالوريوس التّجارة من جامعة القاهرة سنة ١٩٣٩. واشتغل في الصحافة كمحرر ثم رئيس تحرير. ظهرت عليه علامات النّبوغ وبوادر موهبته الشّعريّة من ساعة ما كان طالب في مرحلة المدرسة الثّانويّة. قدّم للأدب العربي الرواية والقصيدة الشّعريّة وبعض التّرجمات عن اللغات الأجنبيّة. حصل على جائزة الدّولة التّشجيعيّة في الآداب سنة ١٩٥٨. توفي سنة ١٩٧٦.

**صباح**

فنانة لبنانية، اتولدت في لبنان في نوفمبر سنة ١٩٢٠. غنت باللهجتين المصريّة والشّاميّة. شاركت في السّينما المصرية كبطلة أولى، وليها ٨٣ فيلم مصري ولبناني،

و٢٧ مسرحيّة لبنانية، و٣٠٠٠ أغنية مصريّة ولبنانيّة. اتجوّزت أكتر من مرة، ومن أزواجها رشدي أباظة ويوسف شعبان وأحمد فرّاج وأنور منسي. وخلّفت مرة واحدة بس، فهي عندها بنت اسمها هويدا. غنّت لكبار الملحنين زي محمد عبد الوهاب وبليغ حمدي ومحمد الموجي. توفيت الفنانة صباح في لبنان يوم الأربع ٢٦ نوفمبر ٢٠١٤.

### صلاح جاهين

شاعر ورسّام كاريكاتير وصحفي مصري راحل. اتولد في القاهرة في ديسمبر ١٩٣٠. اتجوّز صلاح جاهين مرتين وخلف تلات أولاد، ولد وبنتين. أنتج بعض الأفلام اللي نجحت واُعتبرت من علامات السّينما المصريّة زي "عودة الابن الضّال" و"أميرة حبّي أنا." كمان كتب وشارك في سيناريو وحوار بعض الأفلام منها "أميرة حبي أنا" و"خلي بالك من زوزو" و"شفيقة ومتولي" و"المتوحّشة." ومثّل في بعض الأفلام زي "اللص والكلاب" و"لا وقت للحب." وكانت قمة إبداعاته الشعريّة "الرباعيات" اللي لحّنها سيد مكاوي وغنّاها علي الحجّار. ألّف أكتر من ١٦١ قصيدة. وكتب أوبريت "الليلة الكبيرة" أشهر أوبريت للعرايس في مصر. فارق الحياة في أبريل ١٩٨٦.

### عبد الوهاب محمد

شاعر غنائي شّهير، وواحد من أفضل الشّعراء اللي كتبوا الأغنيّة المصريّة في النّص التّاني من القرن العشرين. اتولد في القاهرة في نوفمبر ١٩٣٠. من أشهر أغنياته "حب إيه" و" فكّروني" و"اسأل روحك" و"قال إيه بيسألوني" و"قال جاني بعد يومين." غنّى من أشعاره أشهر المطربين والمطربات في العالم العربي زي أم كلثوم ووردة ولطيفة وسميرة سعيد وأصالة وكاظم السّاهر. توفي في يناير ١٩٩٦.

### علي الحجّار

مطرب مصري معاصر. اتولد في الجيزة في أبريل ١٩٥٤. اكتشفه الموسيقار الرّاحل بليغ حمدي وغنّى أول أعماله من ألحانه ومن كلمات عبد الرحيم منصور وهو أغنية "على قد ما حبّينا" سنة ١٩٧٧ ونجحت نجاح كبير. كان حلم علي الحجّار من طفولته إنه يغني "رباعيات" صلاح جاهين، فغنّاها من ألحان سيد مكاوي وأكسبته شهرة أكتر بين المصريين. قدّم أغاني كتير جدًا عاطفيّة ووطنيّة ودينيّة وغنّى كمان تترات بعض المسلسلات زي "الشّهد والدموع" و"الأيام" و"رحلة أبو العلا البشري" و"غوايش."

## عمر خيرت

من أشهر الموسيقيين المصريين في الوقت الحاضر، وهو مؤلف موسيقي وموزع وعازف بيانو. اتولد في نوفمبر سنة ١٩٤٧ في القاهرة لأسرة مثقّفة محبّة للفنون أهدت لمصر والعالم والده أبو بكر خيرت المهندس المعماري الأشهر ومؤسس الكونسيرفتوار. بدأت علاقة عمر خيرت بالبيانو بالكونسيرفتوار في دفعته الأولى سنة ١٩٥٩، هناك درس العزف على البيانو والنّظريات الموسيقيّة. ظهر أول عمل لعمر خيرت سنة ١٩٨٣ وهو الموسيقى التصويريّة لفيلم "ليلة القبض على فاطمة." حصل على جوائز كتير زي جايزة الفارس الذهبي سنة ٢٠٠١. عمل الموسيقى التصويريّة لأفلام ومسلسلات كتير جدًا. وتعاون مع مطربين كتير في تلحين أغانيهم سواء كانت منفردة أو في إطار أعمال سينمائيّة زي محمد منير وعلي الحجّار وأنغام. أقام عمر خيرت حفلات خارج القاهرة وخارج مصر، فضل فترة طويلة يقدّم حفلات في دار الأوبرا المصريّة وساقية الصاوي كل شهر.

## عمرو دياب

مطرب مصري معاصر. من مواليد أكتوبر ١٩٦١ في بورسعيد. حقّقت ألبوماته مبيعات هائلة واتّرجمت أغاني كتير ليه للغات كتير زي الإنجليزي والتّركي والرّوسي والهندي. تميّز عمرو دياب بإدخال آلات جديدة في أغانيه. سنة ١٩٨٢ انتقل للقاهرة والتحق بالمعهد العالي للموسيقى العربية. غنّى في افتتاح دورة الألعاب الأفريقيّة في استاد القاهرة سنة ١٩٩٠ أغنية "أفريقيا" بالعربي والإنجليزي والفرنساوي، وكان ده بداية طريقه للعالمية. حصل على عدة جوائز، بعضها أكتر من مرة زي جايزة ميوزيك أوورد. قدّم أغنيّتين مع مطربين عالمين همَّ الشاب خالد في أغنية "قلبي" والمطربة اليونانيّة أنجيلا ديمتريو في أغنية "أنا بحبّك أكتر." من أشهر أغانيه "تملي معاك" و"نور العين" و"قمرين" و"وهي عاملة إيه دلوقت" و"رجعت من السّفر."

## عمّار الشّريعي

موسيقي ومؤلف وناقد مصري. اتولد في المنيا في صعيد مصر في أبريل ١٩٤٨. ليه علامات وبصمات في الموسيقى الآلية والغنائية المصرية، بالإضافة للموسيقى التّصويريّة للأفلام والمسلسلات التّليفزيونيّة رغم إنه كفيف. حصل على ليسانس الآداب قسم إنجليزي من جامعة عين شمس سنة ١٩٧٠. بدأ حياته العمليّة كعازف

لآلة الأوكورديون في عدد من الفرق الموسيقيّة اللي كانت منتشرة في مصر، بعد كده تحول للأورج اللي بزغ نجمه فيه كأبرع العازفين في جيله. اهتم بتقديم أغاني الأطفال وغنّى من ألحانه في المجال ده مطربين كتير زي عفاف راضي وعبد المنعم مدبولي ونيللي وصفاء أبو السعود. اهتمّ كمان بتقديم مواهب جديدة في الغُنى زي هدى عمّار وريهام عبد الحكيم. اتعيّن كأستاذ غير متفرغ بأكاديمية الفنون المصريّة سنة ١٩٩٥. تجاوزت أعماله السينمائيّة كمؤلف موسيقي ٥٠ فيلم وأعمال التليفزيونيّة، ١٥٠ مسلسل وأكتر من ٢٠ عمل إذاعي. قدّم برنامج إذاعي مشهور اسمه "غوّاص في بحر النّغم." أُصيب بأزمة قلبية نتيجة الإرهاق وتوفى في ٧ ديسمبر ٢٠١٢.

**فريد الأطرش**

موسيقي ومطرب سوري مصري. اتولد في سوريا سنة ١٩١٠، وهو شقيق الفنانة أسمهان. ساب بصمات واضحة في الموسيقى والغناء العربي ويُعتبر من أعلام الفنّ العربي. ينتمي لعائلة الأطرش وهي واحدة من العائلات العريقة في جبل العرب جنوب سوريا. اشترك في ٣١ فيلم كان بطلها كلها، أشهرها على الإطلاق فيلم "حبيب العمر"اللي جنى أرباح طائلة لأنه مثّل قصة حب حقيقيّة. غنّى من أشعار معظم شعراء عصره زي أحمد شفيق كامل وأحمد بدرخان وأحمد رامي وبشارة الخوري وبديع خيري وبيرم التّونسي وحسين السّيد وصالح جودت ومأمون وكامل الشّناوي. توفي في ديسمبر ١٩٧٤.

**كمال الطّويل**

ملحن ومؤلف موسيقي مصري راحل، اتولد في طنطا في أكتوبر ١٩٢٢. كان صديق الفنان عبد الحليم حافظ والموسيقار محمد الموجي. بعد دراسته الثانويّة سافر للقاهرة وبدأ طريق الفنّ. تُعتبر ألحانه اللي غنّاها عبد الحليم حافظ أشهر وأجمل ألحانه وهمّ اتقابلوا في ٥٦ أغنية عاطفيّة ووطنيّة. من أشهر أعماله "بالأحضان" و"والله زمان يا سلاحي" و"أحلف بسماها" و"سمراء" و"مطالب شعب" و"بره الشّبابيك." رحل عن عالمنا في يوليو ٢٠٠٣.

## لطيفة

إسمها لطيفة العرفاوي، فنانة تونسيّة معاصرة، اتولدت في تونس في فبراير ١٩٦٦. التقت بالموسيقار محمد عبد الوهاب في طفولتها وأبدى إعجاب شديد بصوتها. غنت من ألحان كبار الملحنين منهم عمّار الشريعي وسيد مكاوي وزياد الرحباني وكاظم السّاهر. أسّست لطيفة مؤسسة لطيفة الخيرية وكانت أول مؤسسة خيريّة لفنانة عربيّة تُخصّص لدعم أعمال الخير في الوطن العربي. لها تجربة سينمائيّة وحيدة في فيلم "سكوت ح نصور" سنة ٢٠٠١ من إخراج يوسف شاهين. قدّمت تجربة الأغنيّة الفرنسيّة مع شركة "يونيفيرسال" العالمية وحقّق الألبوم نجاحات كبيرة في أوروبا والعالم. حصلت على جائزة أفضل مطربة عربيّة من المهرجان العربي للتّلفزيون سنة ١٩٩٤.

## ليلى مراد

مغنّيّة وممثّلة مصريّة. تُعتبر من أبرز المغنّيّات والممثّلات في الوطن العربي في القرن العشرين. اتولدت في إسكندرية، في السابع عشر من فبراير عام ١٩١٨، اسمها الحقيقى ليليان ابراهيم زكى موردخاي، وهي من أسرة يهوديّة الأصل، كان والدها ملحن وهو زكى مراد، وأمها جميلة سالومون وهى يهوديّة من أصل بولندى، وأخوها هو الملحن منير مراد. اتعلّمت في مدرسة الراهبات، وعملت مع الموسيقار محمد عبد الوهاب والمخرج محمد كريم في فيلم " يحيا الحب." جذبت أنظار فنان الشّعب يوسف وهبي لتقدّم معاه فيلمها التّاني"ليلة ممطرة." لمّا نشأت دار الإذاعة المصريّة اتعاقدت معاها علي إنّها تغنّي فيها مرّة كل أسبوع، وكانت أول الحفلات الغنائيّة اللي قدّمتها الإذاعة في ١٩٣٤. مثّلت للسّينما ٢٧ فيلم كان أولها فيلم "يحيا الحب" مع الموسيقار محمد عبد الوهاب عام ١٩٣٧. ارتبط اسمها باسم أنور وجدي بعد أول فيلم ليها معاه وكان من إخراجه وهو فيلم "ليلى بنت الفقراء،" واتجوّزوا سنة ١٩٤٥. كان آخر أفلامها في السّينما فيلم "الحبيب المجهول" مع حسين صدقي واعتزلت الفنّ بعدها. فارقت الحياة في نوفمبر ١٩٩٥.

## محمد حمزة

شاعر غنائي مصري راحل. اتولد في يونيو ١٩٣٤. بدأ كتابة الشّعر الغنائي باحتراف سنة ١٩٦٣ لمّا قدّمته فايزة أحمد في أغنية "أؤمر يا قمر" لحد ما وصل رصيده ل ١٢٠٠ أغنية. عمل كصحفي وناقد في بعض إصدارات روز اليوسف وصباح الخير

والوفد. أشهر أعماله "أي دمعة حزن لا" و"موعود" و"مدّاح القمر" اللي غنّاها عبد الحليم حافظ و"حكايتي مع الزّمان" و"يا حبيبتي يا مصر." توفي في يونيو ٢٠١٠.

**محمد رحيم**

درس محمد رحيم الموسيقى فى كلية التّربيّة الموسيقيّة وكان موعده مع الشّهرة لّما حضر الفنان حميد الشّاعرى في الكلية وأقام ندوة هناك، اتعرّف رحيم على حميد الشاعرى اللي طلب منه الحضور للاستديو عشان يسمع ألحانه وبالفعل راح رحيم وقابله حميد بحفاوة، وكان موجود هناك فى الوقت ده الفنان عمرو دياب وسمع الاتنين رحيم. وكان أول ألحانه وموعده مع الشهره أغنية "وغلاوتك" اللي أعجب بها حميد وعمرو واتحطّت فى ألبوم عمرو دياب ومن هنا انطلق الفنان محمد رحيم بدون توقف لدرجة بقى من أقوى ملحّني السّاحة الغنائيّة بأكملها.

**محمد عبد الوهاب**

أشهر موسيقار مصري وعربي على الإطلاق. اتولد في القاهرة في مارس سنة ١٩٠٤. ولُقّب بموسيقار الأجيال، لأنه ساند المطربين بألحانه طوال القرن العشرين. اشتغل في السّينما المصرية كملحّن ومطرب وممثّل. اتعلّم العود في معهد الموسيقى العربيّة على يد الملّحن الكبير محمد القصبجي. وعمل في نفس الوقت كمدرس للأناشيد في مدرسة الخازندار. وبدأ العمل في السّينما سنة ١٩٣٣ وفي الإذاعة سنة ١٩٣٤. تعهده أمير الشّعراء أحمد شوقي بالرّعاية وأحضر له مدرس للغة الفرنسيّة وقدمه في الحفلات الفنيّة في مصر، وساعده في السّفر لفرنسا، وهناك اتعرّف على أساليب الموسيقى الغربية، لحن قصايد كتير من تأليف أحمد شوقي زي "دمشق" و"النّيل نجاشي" و"مضناك جفاه مرقده." مزج بين الموسيقى الشّرقيّة والغربيّة في ألحانه وقدّم إيقاعات غربيّة كتير في أغانيه وأعماله الموسيقيّة زي إيقاع الفالس في "الجندول" سنة ١٩٤١، وإيقاع الروك أند رول في طقطوقة "يا قلبي يا خالي" اللي غنّاها الفنان عبد الحليم حافظ سنة ١٩٥٧. تكاد تكون كل أعماله الموسيقيّة مشهورة بين المصريين والعرب، فهو قدّم أغاني في كل المجالات الغنائيّة تقريبًا فليه الأغاني الرومانسيّة والوطنيّة والدينيّة والفلسفيّة. وليه أعمال بالفصحى والعاميّة، وأغاني طويلة وقصيرة، أطول أغنيّة ممكن توصل لساعتين وأقصر أغنيّة ممكن تكون ٣ دقايق. لحّن لمطربين من مصر ولبنان وسوريا والجزاير، زي أم كلثوم وصباح وشادية ونجاة ووردة وأسمهان وفيروز

وعبد الحليم حافظ ووديع الصّافي. ومن أعماله السينمائيّة "الوردة البيضاء" و"دموع الحب" و"يوم سعيد." حصل على جوايز كتير من مصر والدول العربيّة والأجنبيّة زي: الجايزة التقديريّة في الفنون ونيشان النّيل والميدالية الذهبية من مهرجان موسكو ووسام الاستحقاق السوري ووسام الأرز اللبناني، وحصل على الدّكتوراه الفخريّة من أكاديمية الفنون سنة ١٩٧٥.

توفى في مايو ١٩٩١ نتيجة جلطة في المخ. وشُيّعت له جنازة عسكريّة مهيبة بناء على قرار الرئيس السّابق محمد حسني مبارك.

**محمد فوزي**

ملحّن ومطرب وممثّل مصري راحل. اتولد في الغربية في أغسطس ١٩١٨. راح القاهرة سنة ١٩٣٨. وكان بيتمنّى دايمًا إنه يشتغل مغنّي. لحّن لنفسه وغنّى أغاني كتير متنوعة دينيّة وعاطفيّة ووطنيّة وقدّم كمان أغاني للأطفال. من أشهر أغانيه "ماما زمانها جايّة" و"ذهب الليل" و"بلدي أحببتك" و"طير بينا يا قلبي" و"داري العيون" و"تملّي في قلبي." اشتهرت أغانيه بالخفة والإيقاع السّريع المتشابه مع الأغاني الحديثة دلوقتي. قدّم بعض الأفلام كممثّل وملحّن أغاني الفيلم زي "ثورة المدينة" و"الزّوجة السّابعة." أسّس شركة إنتاج أسطوانات كانت الأولى في الشّرق الأوسط اسمها "مصرفون" ألحق بها استوديو لتسجيل الألحان والأغاني، تم تأميمها سنة ١٩٦١.

محمد فوزي هو شقيق الفنانة هدى سلطان، واتجوّز تلات مرّات في حياته. توفي في أكتوبر سنة ١٩٦٦ بعد صراع طويل مع المرض.

**محمد منير**

مغنّي معاصر مصري من أصل نوبي. اتولد في أسوان في أكتوبر سنة ١٩٥٤. اتعلّم وقضّى فترة الصبا في أسوان قبل ما يهاجر للعاصمة بعد غرق قرى النوبة. اتخرج من قسم الفوتوغرافيا من كلية الفنون التّطبيقيّة جامعة حلوان. اشتهر بأسلوب غناؤه وأداؤه غير الملتزم بتقاليد الطّرب والمطربين، وبخاصة شعره النّامي المفلفل بفوضى. ارتبط بأشعار الصّفّ الأول من شعراء العاميّة المصريّة كعبد الرّحمن الأبنودي وعبد الرّحيم منصور وفؤاد حدّاد وقواميسهم المغايرة للنبرة الرومانسيّة وموسيقاها المختلفة عن موسيقى الطّرب التقليدي. قدّم أغانيه باللهجتين القاهريّة والأسوانيّة وقدّم كمان بعض الأغاني النوبيّة. اشتهر في بدايته كمغني للمثقفين لكن في فترة التّسعينات قدر

إنه يكسر الصّورة النّمطية دي وبقى من المألوف سماع أغانيه في الشّارع. قام بأداء أغاني فيلم "المصير" سنة ١٩٩٦ من إخراج يوسف شاهين. قدّم ألبوم ديني كامل بعنوان "الأرض السّلام" سنة ٢٠٠٣. وغنّى تتر مسلسل الكرتون "بكّار." أهدى شباب ثورة ٢٥ يناير ٢٠١١ أغنية "إزاي." غطّت أغاني محمد منير معظم التّيمات الغنائيّة فمن أعماله الأغاني العاطفيّة والفلسفيّة والدينيّة والوطنيّة.

### مدحت صالح

مغني وممثّل مصري معاصر اتولد في القاهرة في نوفمبر ١٩٦٠. درس التّاريخ بجامعة الأزهر. دخل مجال السّينما والتّلفزيون والمسرح وكان أشهر أعماله مسلسل "قشتمر" عن قصّة نجيب محفوظ. تألّق في الغناء الدّرامي بالأفلام والمسلسلات زي أعمال "شورت وفانلّة وكاب" و"مافيا."

### نجاة

فنّانة مصريّة معروفة. اتولدت في القاهرة في أغسطس سنة ١٩٣٦. وهي أخت الفنّانة سعاد حسني. شاركت في السّينما المصريّة بالتّمثيل في بعض الأفلام كان أشهرها "الشّموع السوداء." وقدّمت أغاني كتير أكترها عاطفيّة من ألحان محمد عبد الوهاب وبليغ حمدي وكمال الطّويل وسيد مكاوي وحلمي بكر، زي "أيظن" و"قصص الحب الجميلة" و"لا تكذبي" و"فاكرة" و"أسألك الرحيلَ" و"ماذا أقول له" و"ساكن قصادي" و"متى ستعرف." وزي ما هو واضح من أسماء أغانيها قدّمت بعضها بالفصحى.

### نور عبد الله

شاعرة غنائيّة مصريّة شابّة. حصلت على ليسانس الحقوق من جامعة عين شمس. من أشهر أعمالها "ماشربتش من نيلها" و"فيها حاجة حلوة" و"بالورقة والقلم."

### وجيه عزيز

ملحّن ومغنّي مصري بدأ مشواره الفنّي سنة ١٩٨٨ بعرض مسرحي من تأليف فؤاد حدّاد. تتميّز أعماله بطابع شرقي بسيط متأثرًا بسيد درويش. اتعرّف على محمد منير وقدّموا مع بعض ٤ أغاني في ألبوم "الطول واللون والحرية." تمّ إصدار ألبومه المشهور

"ناقص حتّة" سنة ٢٠٠٧ ويضمّ ١١ أغنية من تلحينه وتوزيعه. وعمل الموسيقى التّصويريّة لبعض الأفلام نذكر منها فيلم "هيستيريا."

# المراجع


- محمد قابيل، "موسوعة الغناء في مصر" دار الشّروق، ٢٠٠٦.
- إزيس فتح الله ومحمود كامل "موسوعة أعلام الموسيقى العربيّة ١: أم كلثوم" دار الشّروق، ٢٠٠٨.
- إزيس فتح الله "موسوعة أعلام الموسيقى العربيّة ٤: محمد عبد الوهاب" دار الشّروق، ٢٠٠٥.
- أحمد شفيق كامل "إنت عمري: الديوان الكامل" الهيئة المصريّة العامّة للكتاب، ٢٠٠٦.
- محمد عبد الفتاح "سينما أنور وجدي" الهيئة العامّة لقصور الثّقافة، ٢٠٠٩.
- "رحيل السندريلا" عدد تذكاري من مجلة "نصف الدّنيا" يوليو ٢٠٠١.
- "الموسيقار" مطبوعة "النصف الآخر" من مجلة "نصف الدّنيا" عدد ٣٠ سبتمبر ٢٠٠٢.
- "شادية" مطبوعة "النصف الآخر" من مجلة "نصف الدّنيا" عدد ٣٢ أغسطس ٢٠٠٣.
- "محمد فوزي" مطبوعة "النّصف الآخر" من مجلة "نصف الدّنيا" عدد ٣٥ مارس ٢٠٠٤.
- أسطوانة مدمجة بعنوان "صلاح جاهين الإنسان والفنّان" بيت العرب للتوثيق المصري الحضاري.
- Youssef, Ahmed Abdel-Hamid. *From Pharaoh's Lips: Ancient Egyptian Language in the Arabic of Today.* Cairo: AUC Press, 2003

# Links to the Songs on YouTube

1. https://www.youtube.com/watch?v=0sRrRTcSFAw

2. https://www.youtube.com/watch?v=aGtm2Fht_QQ

3. https://www.youtube.com/watch?v=yAE6JXmygOc

4. https://www.youtube.com/watch?v=y6tQteMix3Y

5. https://www.youtube.com/watch?v=4mQpupFLMlY

6. https://www.youtube.com/watch?v=djNYdkfLssQ

7. https://www.youtube.com/watch?v=m-5kRHViqxo

8. https://www.youtube.com/watch?v=HSGTFr1XDto

9. https://www.youtube.com/watch?v=T2H5fZfYAB8

10. https://www.youtube.com/watch?v=q8eIXYI32gQ

11. https://www.youtube.com/watch?v=gMn52ro1tQ8

12. https://www.youtube.com/watch?v=f2F4EScOp-c

13. https://www.youtube.com/watch?v=tjNtSvSoebU

14. https://www.youtube.com/watch?v=bLpAoov9jdA

15. https://www.youtube.com/watch?v=y5ZHygtCM4s

16. https://www.youtube.com/watch?v=CuiZAJog_To

17. https://www.youtube.com/watch?v=sSYESYl8urY

18. https://www.youtube.com/watch?v=Do3MlUU_nTc

19. https://www.youtube.com/watch?v=WmHBa3-Ndpo

20. https://www.youtube.com/watch?v=Ephtm3UDuGc

# Links to the Songs on SoundCloud

1. https://soundcloud.com/hsmhsm/4xpfpndkloe4
2. https://soundcloud.com/khaled-abdel-aziz/alflaila-we-laila
3. https://soundcloud.com/yasmine-alaa-el-din/ed3ds7g4n792
4. https://soundcloud.com/afrahii-1/rpnvsxqohzbx
5. https://soundcloud.com/eagle901/r7fh2ktykuue
6. https://soundcloud.com/belle-mare/vh3c3ohqjvuh
7. https://soundcloud.com/mohamed-h-el-sayed/pgqmittltszc
8. https://soundcloud.com/akram-ahmed-25/saba7-ana-akrahak
9. https://soundcloud.com/basem-hanna-1/jbcmtoijngfb
10. https://soundcloud.com/ashraf-medhat/xiecrpakeq41
11. https://soundcloud.com/yousra-yousry/t3g5zmlgoaws
12. https://soundcloud.com/manosh-samy/hwlkjjfmyxei
13. https://soundcloud.com/fatma-abd-elsalam/zqd5geask4hc
14. https://soundcloud.com/mariam-nour-ii/vbwcpgdfdtlu
15. https://soundcloud.com/sam-nasreldin/o7kdaspygekb
16. https://soundcloud.com/mohamed-abdel-dayem-1/3szars5c3bkj
17. https://soundcloud.com/marwafriday/nbw3dcnoagkv
18. https://soundcloud.com/yasser-khalil-4/xwoslafq7a2m
19. https://soundcloud.com/hishamhenry14/kawkbtany
20. https://soundcloud.com/mahmoud-khamis-2/rta6wjzlvvow